MANUAL PARA LA SEGURIDAD EMPRESARIAL

BASICO

Rafael Darío Sosa González

MANUAL PARA LA
SEGURIDAD EMPRESARIAL

BASICO

Rafael Darío Sosa González

TABLA DE CONTENIDO

AMENAZA Y EL RIESGO

El desenvolvimiento social, político, natural, económico militar y psicológico del mundo actual, hace que las personas en todos sus estratos, clases, razas y colores, se encuentren rodeadas de situaciones de inseguridad con más frecuencia de la que ellas mismas se imaginan. Nuestro país no es ajeno a esta circunstancia y antes por el contrario ocupaba uno de los primeros lugares entre los países más peligrosos del mundo.

No obstante lo anterior, cuando ha pasado un tiempo relativamente largo de calma aparente, las personas se olvidan de esta situación y descuidan sus medidas de seguridad, creyendo que estas son necesarias sólo para algunas personas de importancia social por sus riquezas y sus posiciones dentro de un estamento social y terminan convencidas de la protección de su buena suerte, la cual creen suficiente para andar seguros por todas partes y en toda ocasión. Desafortunadamente los hechos demuestran lo contrario. Todos sin excepción, estamos en la mira de la violencia y de la delincuencia. Todos, no importa la posición social, el tipo de trabajo, o el lugar de las actividades rutinarias, podemos ser víctimas de la situación de inseguridad que se enseñorea en nuestro querido país. Pero los hechos a su ves, también muestran que entre más desprotegida esté una familia, una persona o una empresa, más fácilmente se convertirá en blanco de los delincuentes.

Lo anterior impone que debemos pensar con criterio de seguridad y hacerla parte de nuestra vida y de las demás personas y circunstancias que nos rodean.

El mejor medio de defensa es una actitud firme de autoprotegerse, revestida de una decisión de adoptar las medidas preventivas y defensivas para enfrentar y disminuir la amenaza.

Las medidas de seguridad que se pueden recomendar son innumerables. Cada persona es un caso específico y por lo tanto, las medidas tienen que sujetarse a cada caso particular. De hecho hay un principio: "la seguridad es inversamente proporcional a la libertad personal". Una persona con alto riesgo debe limitar sus actividades diarias, llegando a eliminar las que no sean importantes y cumplir sólo las estrictamente necesarias.

Con las empresas sucede algo similar. El estudio de su seguridad deberá determinar en forma concreta el grado de amenaza y el nivel de riesgo. Con base en los resultados del estudio se diseñará el PLAN DE SEGURIDAD, cuya amplitud y costo serán proporcionales al grado de exposición al peligro en que se encuentra la planta física y el personal de la empresa.

Aunque los casos de inseguridad se deben estudiar en forma particular, existe sin embargo, algunas medidas generales aplicables a todos los casos y las cuales el vigilante debe exponer cuando se le solicite su asesoramiento. Ellas son:

1.   Manténgase siempre alerta.

2.   Evalúe su situación política social y económica.

3.   Haga un inventario de su capital y del capital que la gente cree que usted posee.

4.   Determine todos los factores de amenaza que lo rodean.

5.   Establezca la posibilidad mayor o menor de que estos factores puedan convertirse en amenazas reales.

6.   Adopte una actitud firme con relación a su propia seguridad, la de su familia y la de su empresa.

7.   Consulte a un experto para que estudie su caso particular y le diseñe un PLAN DE SEGURIDAD.

8.   Una vez disponga de su plan cúmplalo estrictamente, pero revíselo periódicamente para que le haga los ajustes correspondientes y nuevamente, manténgase siempre alerta.

La Actitud Personal

El éxito de todo programa de seguridad se fundamenta en el mantenimiento y observancia permanente de una actitud preventiva y defensiva. Esta actitud debe inculcarse a todos los miembros de la familia y a los integrantes del equipo de seguridad.

Mediante la actitud preventiva se busca que los antisociales desconozcan la posible víctima y todos los detalles concernientes a ella como rutas, residencia, oficina, amistades, lugares de recreación es decir, evitar que figure dentro de los potenciales objetivos, aspecto que en su totalidad es perfectamente imposible, debido a la técnica de seguimientos. Se debe entonces complementar la actitud preventiva con la actitud defensiva.

La actitud defensiva busca responder en alguna forma a la amenaza. La variación diaria de rutas es una actitud defensiva, el uso de chalecos antibalas también lo es, en igual forma el porte de un arma de fuego. Estas medidas al mismo tiempo que son defensivas constituyen una forma de disuasión.

De alli surge la premisa: "ES MEJOR PREVENIR QUE LAMENTAR"

La tabla de evaluación de riesgo

NIVEL REAL DE RIESGO	PROBABILIDAD DE LA AMENAZA	VULNERABILIDAD + NOTORIA	CALIFI CACION
1.DESCONOCIDO	No se percibe presencia de amenaza	No configuran riesgo alguno	
2. NORMAL	La amenaza, si se realiza, es fruto de la casualidad	Puede estar siendo considerado como blanco	
3. MODERADO	Se presentan indicios de amenaza. El ambiente circundante es peligroso.	Ausencia de medidas de seguridad: falta la actitud preventiva.	
4. GRAVE	La amenaza toma cuerpo y dirección. Aparece el terrorismo y el s ecuestro. La situación personal es peligrosa.	Ausencia de medidas defensivas. Falla en las medidas de prevención.	
5. PELIGROSO	La amenaza se concreta en forma esporádica y luego se presenta en forma continua en cualquier tiempo y lugar. Las personas y la planta física se convierten en blanco de la delincuencia.	Las medidas preventivas no funcionan. Las medidas defensivas acusan graves fallas. El desconcierto agrava la situación general. Ha llegado el momento de la CRISIS	

Del uso de la tabla que se presenta, se deduce una calificación para el Nivel de Riesgo. Esta fórmula se basa en la probabilidad o sea la apariencia fundamentada de la amenaza, es decir, la existencia de hechos ciertos o comprobables bajo los cuales esta toma forma y dirección específica. La posibilidad en cambio, es la existencia de indicios de presencia de la amenaza, pero sin que pueda determinarse una dirección concreta.

Al concepto anterior de probabilidad, se suma el de vulnerabilidad, o sea la mayor o menor exposición del sujeto al peligro o la amenaza. Esta exposición puede ser voluntaria, para el caso del riesgo calculado, o inocente, para el común de toda la población que vive bajo el ambiente de la amenaza. La fórmula es:

GRADO DE RIESGO = POSIBILIDAD + VULNERABILIDAD

ANALISIS DE RIESGOS Y PREVENCION DE PÉRDIDAS

ADMINISTRACION DEL RIESGO

El riesgo es una exposición a posibles pérdidas; crimen, incendio, o su presencia industrial, suspensión y reducción laboral.

Los practicantes de la prevención de pérdidas están principalmente interesados en el crimen, reducción, incendios y accidentes. Los administradores de riesgos generalmente tienen más interés en materias de incendio y prevención de riesgos.

ANÁLISIS DEL RIESGO

Se define como el instrumento para estimar las expectativas de pérdidas que provienen de una amenaza específica utilizando el siguiente proceso en tres etapas:

1.   Estudio de la prevención de pérdidas;
2.   Estudio de la vulnerabilidad;
3.   Determinar la probabilidad, frecuencia y costo.

ESTUDIO DE LA PREVENCION DE PÉRDIDAS

Este estudio tiene que ver con el examen físico del lugar que requiere un programa de prevención de pérdidas para detectar cuáles son las vvulnerabilidades.

El documento del estudio casi siempre constaa de un listado en la forma de preguntas que le recuerda al practicante de la prevención de pérdidas queé examinar, para poder aislar las vulnerabilidades y establecer un plan de estratégico.

IDENTIFICACION DE VULNERABILIDADES

Una vez que se ha completado el estudio las vulnerabilidades (debilidades) del lugar tienen que ser aisladas.

Estas vulnerabilidades pueden ser minimizadas por medio de estrategias de prevención de pérdidas tales como un seguimiento estricto de las políticas y procedimientos de las inspecciones.

PROBABILIDAD, FRECUENCIA Y COSTO

El tercer paso requiere de un análisis de probabilidades, frecuencia y costo de cada pérdida, la desaparición de cosas y el robo de empleados son muy comunes en las tiendas de ventas y existen

numerosos incidentes que pueden producir pérdidas muy serias
LAS HERRAMIENTAS UTILIZADAS POR EL GERENTE DE PREVENCIÓN:

1.   Disuadir **el ataque criminal.**

2.   Detectar **los ataques que ocurran.**

3.   Retrasar **el ataque para permitir tiempo de respuesta por parte de las autoridades.**

4.   Negar el acceso a objetivos seleccionados.

INCIDENTES Y ACCIDENTES

Un programa de prevención de pérdida debe valorar el concepto de pérdida en su sentido más amplio. Cualquier situación no deseada es considerada un incidente.

1.   Un incidente es cualquier cosa desde un daño grave a un rompimiento del control de calidad.
2.   Un accidente es una situación no deseada que resulta en daño físico a una persona o daño a la propiedad.

Las maneras de solucionar los accidentes inoportunos son:

1.   Inspecciones constantes.
2.   Análisis de la seguridad laboral.
3.   Establecer tempranamente las condiciones inseguras.
4.   Identificación y control de los riesgos.

PLANIFICACION

Los practicantes modernos establecen sus planes de protección en términos financieros que justifican los gastos, ahorran dinero de la organización y de ser posible traen como resultado inversiones
Un análisis de riesgos provee información acerca de la planificación de la protección.

Factores en la planificación

¿Cuál es el costo de esta especifica estrategia de prevención de pérdidas?

¿Qué porcentaje del presupuesto va ser colocado en esta estrategia particular?

¿Es la estrategia práctica?

¿Es la estrategia económica?

¿El costo de la estrategia excede el potencial de pérdidas

¿Cómo va la estrategia a relacionarse con todo el programa de prevención de pérdidas ?

¿La estrategia se adecua a los propósitos y objetivos de la organización o del negocio y al programa de prevención de pérdidas?

¿Qué ventajas ofrece esta estrategia al compararla con la contratación del programa de prevención de pérdidas?

¿Disminuiría la moral de los empleados esta estrategia?¿ o crearía algún tipo de diferencia entre la gerencia?

¿Existen algunos problemas que impliquen la violación de derechos civiles?

Cómo reaccionaría el sindicato a esta estrategia?

¿Se utilizó una gerencia participativa a la hora de planificar la estrategia?

FACTORES PMP

Cuando se determinada la vulnerabilidad y la respuesta a riesgos, se deben considerar los factores PERDIDA MAXIMA POSIBLE (PMP)

1.   Pérdida máxima posible. Son las pérdidas máximas causadas si un objetivo dado es destruido totalmente o retirado.

2.   Pérdida máxima probable. Es la cantidad de pérdidas que un objetivo es capaz de experimentar.

METODOS DE ADMINISTRACIÓN DE RIESGOS

1.   Eliminación del riesgo - Remoción completa del objetivo.
2.   Reducción del riesgo - Minimizar, en el grado posible tanto como sea   posible.
3.   Distribución del riesgo - Distribuir el objetivo sobre un área lo más   extensa posible.
4   Traspaso del riesgo - Transferir el riesgo a alguien.
5.   Aceptación del riesgo - El riesgo es simplemente aceptado.

ADMINISTRACIÓN DE RIESGOS Y SEGUROS

Definición de seguro: Es el traspaso del riesgo de una parte a otra, en el que el asegurador está obligado a indemnizar al asegurado por una pérdida económica causada por un evento inesperado durante un lapso de tiempo cubierto por seguro.

Las tasas del seguro dependen de dos variables básicas:

a.   Frecuencia de los siniestros.

b.   Costo de cada siniestro

RIESGO Y DISEÑO AMBIENTAL

El diseño ambiental o planificación física, es otro enfoque al prevenir el crimen para mejorar la seguridad en áreas residenciales y comerciales al coordinar los esfuerzos de arquitectos, analistas de riesgos y autoridades
Basaso en la premisa que un diseño adecuado y efectivo en el entorno de la construcción conducirá a una reducción del crimen y al temor del mismo

La reducción del crimen a través de la seguridad ambiental, aumenta las oportunidades para la captura de los delincuentes. La efectividad se aumenta de cuatro maneras:

- Aumenta el tiempo de perpetración - Dificulta la perpetración de un delito.

- Disminuye el tiempo de detección - Ampliado por iluminación, barreras perimétricas, etc.

- Disminuye el tiempo de informe - Mejor observación por un mayor número de personas.

- Disminuye el tiempo de respuesta policial - Mejor planificación de las calles, salidas bien señalizadas y caminos.

ESPACIO DEFENDIBLE

El concepto de espacio defendible de Newman se divide en cuatro categorías:

1.   Territorialidad. **Actitud de mantener las barreras observadas. Extraños discretamente reconocidos y observados.**

2.   Vigilancia natural. **Es la habilidad de los habitantes de un territorio determinado para observar las áreas públicas en forma casual y continua.**

3.   Imagen y medio ambiente. **Involucra la capacidad de diseños para contrarrestar la percepción de que el área está aislada y que es vulnerable al crimen.**

4.   Área segura. **Lugares que permiten un alto grado de observación por parte de la policía.**

El robo interno es la mayor amenaza actual para los negocios.

Es difícil obtener estadísticas exactas sobre que porcentaje y cuánta pérdida es al hurto por parte de los empleados.

Las pérdidas internas ocurren por medio de diferentes métodos

1.   Hurto. **Robar en pequeñas cantidades durante mucho tiempo.**

2.   Desfalco. **Tomar dinero o bienes que se le confiaron para su cuidado.**

3.   Reducción. **Pérdida de inventario a través de diferentes medios.**

El triángulo del robo consta de 3 elementos: motivación + oportunidad + racionalización. Las técnicas de prevención de pérdidas están diseñadas para eliminar la oportunidad.

Las señales de peligro más visibles son:

1.   Consumidores ostentosos que son visiblemente extravagantes.

2.   Aquellos que muestran un patrón de irresponsabilidad financiera.

3.   Aquellos que están económicamente presionados.

PROCEDIMIENTOS DE VIGILANCIA

Como una continuación de los temas vistos entramos ahora en otros que complementarán esos conocimientos y que corresponden al Seguridad Empresarial, Estos son:

RONDAS Y PATRULLAJES

    A.   Objetivos
        1.   Proteger la vida y la propiedad de las personas
        2.   Prevenir los delitos dentro y en los alrededores .
        3.   Detectar intentos o violaciones a la seguridad
        4.   Apoyar vigilantes que puedan tener problemas en su puesto
        5.   Atender activaciones del sistema de alarma

    B.   Sugerencias

Para realizar bien su ronda o patrullaje, debe conocer bien el edificio o área donde va a desarrollar su trabajo y debe conocer la localización de :

❑ Entradas y salidas
❑ Equipos de contra incendio y saber cómo usarlo
❑ Equipo de emergencia y primeros auxilios
❑ Tableros de control e interruptores de energía
❑ Llaves de control de agua, gas y combustible
❑ Sistemas de alarma contra intrusos
❑ Conmutador y teléfonos
❑ Areas de almacenamiento de materiales peligrosos como gases, ácidos, venenos, armas municiones y explosivos
❑ Areas donde se guardan valores y secretos industriales y comerciales
❑ Area de sistemas y computación

C.   Puntos de Inspección

Observe con gran cuidado:
✓ Riesgo de fuego, salidas bloqueadas, basura
✓ Estado de conservación de los equipos para atención de emergencias
✓ Maquinaria funcionando sin operario a la vista
✓ Goteos o filtraciones de combustible
✓ Condiciones de iluminación deficiente
✓ Fallas en las calderas o equipos de vapor
✓ Estados de los drenajes y alcantarillas
✓ Daños o brechas en las mallas perimétricas
✓ Existencia de túneles no autorizados para ingreso o salida
✓ Obstáculos y obstrucciones
✓ Indicios o señales de intrusión como : puertas entreabiertas, ventanas abiertas, pasadores removidos, vidrios rotos, señales de escalamiemto, rejillas de ventilación sueltas

D.   Normas prácticas

Todo aspecto sospechoso o que amenace riesgo, debe ser investigado e informado por escrito. Para estar al tanto de todo lo que sucede debe proceder de la siguiente manera:

- ❖ No se rutinice al hacer sus rondas, empiece siempre por un lugar diferente
- ❖ Observe a todo momento normas de seguridad personal, camine en silencio, no fume pues el olor del humo lo delata, lleve su arma lista para ser desenfundada con rapidez en caso de necesidad, camine escondiéndose en las sombras para no ser visto.
- ❖ No llegue a los sitios peligrosos directamente haga un corto rodeo, pare de vez en cuando, observe y escuche
- ❖ Nunca admita los hechos sin comprobarlos. Por ejemplo una puerta abierta sin preguntar el por qué. Una persona dentro de las oficinas en horas nocturnas sin establecer la razón de su presencia en ese sitio y a esa hora.

GARITAS Y TORRES DE OBSERVACION

En áreas extensas y abiertas las empresas suelen instalar torres de vigilancia o de observación las cuales tienen por lo general las siguientes características:

- ➤ Instaladas en las esquinas de la barrera perimetral para control de la zona interna y externa
- ➤ Instaladas a más o menos 20 metros de la barrera perimetral, si son para control interno
- ➤ La altura depende de la vegetación existente, pero generalmente van de los tres a los siete metros de altura con lo cual se obtiene un buen campo de observación
- ➤ Para que el servicio sea eficiente y efectivo debe contar con la siguiente dotación:
- ➤ Un reflector móvil de alta potencia

- ➢ Agua potable
- ➢ Teléfono y/o radio teléfono
- ➢ Pararrayos en zonas propensas a fuertes tormentas
- ➢ Botiquín de primeros auxilios
- ➢ Una linterna y bengala de colores
- ➢ Binoculares
- ➢ Un escritorio con su silla
- ➢ Libro de anotaciones y tablero de consignas
- ➢ Directorio telefónico interno y externo
- ➢ Debe tener ventana de corredera, un buen sistema para aseguramiento de las tejas y energía eléctrica de emergencia
- ➢ Lavamanos y sanitario

EPOCAS DE MAYORES RIESGOS PARA EL VIGILANTE

Hay épocas del año que requieren una mayor atención por parte del vigilante. Ellas son:

- ❑ Fines de semana con puente
- ❑ Temporadas de vacaciones
- ❑ Semana Santa
- ❑ Navidad y año nuevo
- ❑ Carnavales

Durante estos periodos la amenaza aumenta debido a que:

- ❑ La gente ingiere licor
- ❑ Los ejecutivos y personal de la empresa viaja y esta queda con poca gente por las vacaciones colectivas
- ❑ Hay quema de pólvora
- ❑ Se elevan globos que pueden caer sobre los depósitos de combustible
- ❑ Se paga la prima de navidad y esto es causa de hurtos en la empresa
- ❑ Los índices delincuenciales aumentan debido a que los

delincuentes necesitan dinero para pasar con comodidad sus fiestas.

Esto hace que el vigilante esté más alerta para no tener problemas con:

- El licor
- Los incendios
- Los robos
- Los paquetes extraños
- La suplantación

Las principales situaciones a las que se ve enfrentado un vigilante son:

- Ataque personal
- Hurto
- Incendio
- Accidente personal
- Autorización dudosa
- Hurto calificado
- Ingreso no autorizado
- Suplantación de autoridad y falsos retenes frente a la empresa
- Desastres naturales

En todos los casos se recomienda seguir el siguiente procedimiento:

- Conserve la calma
- Imponga su autoridad
- Obtenga la mayor información sobre el hecho que esta ocurriendo
- Actúe de acuerdo a las instrucciones recibidas del Jefe de Seguridad o quien haga sus veces
- Informe a su superior tan pronto como le sea posible
- Registre el hecho en la minuta de servicio

SEGURIDAD DE LA INFORMACION

SEGURIDAD DOCUMENTARIA

La seguridad de los documentos es otro de los temas de gran importancia para la seguridad de las empresas. Ella comprende el cuidado que se debe tener con:

- Documentación de circulación normal y libre acceso
- Documentación de línea administrativa interna y externa
- Documentación reservada
- Documentación estrictamente confidencial o de destinatario específico
- Documentación recibida por Telex, fax y monitores
- Documentación secreta con fórmulas industriales y/o comerciales.

En el manejo de las diferentes modalidades de documentación citadas anteriormente, habrá que tomar medidas de seguridad para evitar:

- ❑ Pérdidas de documentos por descuido en su recibo o entrega
- ❑ Revisar los medios usados por el correo local para evitar suplantaciones
- ❑ Si existe en la empresa el servicio de valija especial, solicitar instrucciones amplias y escritas sobre la misma
- ❑ Permanencia de personas no autorizadas en la oficina de radicación, archivo y correspondencia.
- ❑ Uso equivocado de los canales por los cuales se distribuye la documentación y no entregar documentos donde no corresponde ni a quienes no corresponde
- ❑ Documentos olvidados en dependencias como comedores y cafeterías.

En cuanto a la documentación que contiene secretos comerciales e industriales se debe tener cuidado con:

- Grabadoras electrónicas ocultas colocadas en sitios estratégicos, generalmente en los escritorios de los ejecutivos o en las salas de reunión en los elementos decorativos.
- Uso de micro cámaras para obtener copias de documentos de alto   secreto
- Confidencias de los empleados de la empresa sobre documentos que   manejan.
- Alucinógenos o somníferos dosificados en cigarrillos, bebidas y comidas para obtener un resultado delictivo contra personas que manejan el área de documentación secreta.

La información que se genera en una empresa, con respecto a:

a.   Asuntos internos de producción y comercialización
b.   Las personas que trabajan en ella
c.   Los valores que maneja
d.   Procedimientos de organización
e.   Patrimonio de la empresa

Pueden ser en manos de enemigos potenciales, una fuente de riesgos. En ocasiones se encarga al vigilante de responder por una documentación y él debe conocer la importancia de la misma, para que tome los cuidados correspondientes por eso debe conocer:

Cómo clasificar la información

La información puede ser o no, clasificada.

La clasificada es la que sólo puede conocer un número restringido de personas y por tanto no puede darse a la luz pública.

La rutinaria o pública es aquella que puede y es conveniente que todas las personas la conozcan.

La información clasificada puede ser:

a. SECRETA.- Cuando sólo puede ser conocida por el primero y segundo nivel de jerarquía (gerente y comité ejecutivo de la empresa) y el Jefe de Seguridad.

b. CONFIDENCIAL.- Cuando puede ser conocida hasta por el tercer nivel (Jefatura de Departamentos y Jefes de Sección).

c. PERSONAL.- Aquella información que trata de temas que interesan a la persona a quien se le dirige y sólo se le debe entregar a ella.

d. EXCLUSIVA DE GERENCIA.- Aquella que sólo debe ser conocida por el Gerente de la empresa.

Cuidados con la documentación clasificada

a. Esta documentación debe archivarse en caja fuerte y el área donde está la caja, debe declararse como restringida
b. La clave de la caja fuerte y llaves de acceso al área deben estar sólo en manos de personas autorizadas y toda persona que deambule por estas debe declararse sospechosa
c. En los ficheros de llaves duplicadas no debe haber ejemplares de estas llaves.
d. Las llaves no se pueden prestar ni en forma temporal
e. Esta documentación debe ser rotulada con sello que informe su clasificación

Pérdida de información clasificada

Se pierde por hurto directo o por interceptación, cualquiera de las dos modalidades constituye lo que las leyes comerciales y penales llaman espionaje empresarial.

a. Las modalidades del hurto directo son:

❑ Infiltración
❑ Penetración
❑ Intrusión con o sin distractores
❑ Fotocopiado, fotografiado o memorizado
❑ Robo de originales (es el único en el que la empresa se da cuenta y puede tomar medidas.

b. Las modalidades de la interceptación son:

❑ A teléfonos
❑ A las radiocomunicaciones
❑ Al fax
❑ Al telex
❑ Al sistema de microondas
❑ Al sistema celular y/o satelital

Los vigilantes deben estar atentos a la presencia de personas no autorizadas en las áreas desde donde se pueda hurtar la siguiente información:

a. Planes estratégicos de producción y mercadeo
b. Información contable
c. Bases de datos
d. Adulteración de inventarios

e. Adulteración de contratos

f. Eliminación de facturación por pagar o por cobrar

g. Información que sirva a la competencia o a personas que se la vendan a la competencia

h. Información sobre criterios para un negocio

i. Información para secuestro o extorsión de ejecutivos

j. Transferencia de dineros

k. Información confidencial de clientes

l. Directorios de compradores de productos

m. Información del desarrollo de nuevos productos y sus pasos técnicos

DE RIESGOS A LA VIOLACION DE SECRETOS

A.   Al interior de la empresa

➢   Establecer áreas restringidas

➢   Determinar personas autorizadas para suministrar documentos

➢   Prohibir la entrada a las dependencias con armas de fuego o blancas, cámaras fotográficas y grabadoras

➢   Vigilar posibles empleados infiltrados o penetrados

➢   Control a las líneas telefónicas, de fax y telex para constatar interceptaciones

B.   Al exterior de la empresa

♦ Control de alcantarillas y desagües de posible penetración

♦ Constatar el uso de las edificaciones contiguas a la empresa, evitando la construcción de túneles para llegar a los sitios donde se guarda la documentación

♦ Instalación de falsos retenes de la Fuerza Pública

SEGURIDAD EN EL AREA DE COMPUTADORES

El edificio, salón u oficina donde funciona y opera el Departamento de Sistemas o Sala de Computadores, es un área crítica de alta sensibilidad para los intereses de la empresa. Por este motivo las medidas de seguridad física deben ser máximas. Para esta área se debe establecer un manual exclusivo de seguridad, el cual debe contener los siguientes puntos mínimos:

- Seguridad exterior con alarmas de microondas o detectores de infrarrojos
- Seguridad de cada una de las oficinas
- Seguridad de las paredes, puertas, ventanas, pisos, techos y sótanos
- Sistemas de Abastecimiento de energía principal y alterno
- Aire acondicionado
- Personas con acceso autorizado
- Sistema de control de acceso
- Control de visitantes e invitados
- Clasificación de documentación
- Procedimientos de auditoría o control
- Protección de documentos de valor
- Asignación de códigos de acceso y su control
- Protección de discos y cintas magnéticas
- Destrucción de documentación inservible

El desarrollo de la tecnología de la informática ha dado origen a conductas antijurídicas constitutivas de abuso de los sistemas y a hechos delictivos de variada índole. Estos delitos pueden agruparse en dos grandes grupos a saber:

- ❖ Los que se cometen contra los elementos físicos del sistema, los cuales constituyen infracciones ordinarias ya que para su realización no se requiere de alta tecnología. Se trata de delitos de sustracción o destrucción, de cortes de energía, de ciertas formas de sabotaje y los cuales son de responsabilidad del personal de vigilantes.

❖ Los que se cometen a través de las líneas del sistema, es decir cuando se interfiere en los procesos y se manipulan fraudulentamente los equipos. Esto requiere de alta tecnología y escapa al control del personal de vigilancia, pasando a ser responsabilidad del Jefe de Sistematización de la empresa y reciben el nombre de Delitos Informáticos.

1.   LA PREVENCION DE PÉRDIDAS.   PRINCIPIOS DERIVADOS DEL SENTIDO COMUN

A.   La oportunidad hace al ladrón

Esto tiene que ver con el concepto de vulnerabilidad. Si ustedes es una persona olvidadiza y descuidada, le está facilitando al delincuente que cometa los delitos. Las perdidas suceden cunado es fácil ejecutar la acción y no se corren riesgos. EL ARCA ABIERTA Y EL JUSTO PECA.

B.   Cuando no existe control todo marcha a la perfección
Nada puede ser más falso que el concepto de que "no hay ningún problema". Generalmente, las cosas perjudiciales, se descubren después de un proceso de auditoria o de investigación que por lo general es demasiado tarde para dar solución a las cosas. Hay delincuentes tan bien entrenados para ejecutar sus delitos, que sólo se pueden descubrir después de mucho tiempo de estar realizándolos.

C.   Los controles se establecen únicamente después de haberse descubierto pérdidas graves

La sospecha debe asaltar a un buen vigilante cuando nada sucede. Es decir que no debe esperar los hechos para tomar medidas.

D.   Los directivos de las empresas son complacientes con las denuncias que les hacen los vigilantes

Esto hace que no se tomen medidas y los problemas crezcan

E.   Los vigilantes que ocupan puntos críticos y vulnerables no son instruidos con calidad y eficiencia

El vigilante al no conocer las modalidades de delito de su puesto, no se da cuenta de lo que pasa y no controla.

F.   Los mismos directivos de la empresa son los delincuentes

Esto es difícil de controlar para el personal de vigilantes, por lo cual deben estar muy alertas para no verse involucrados en pérdidas durante su turno de servicio.

LA FUNCION DE PREVENCION Y CONTROL DE PÉRDIDAS

Hay siete maneras de reducir las pérdidas e incrementar los beneficios

1. Conocer y ubicar la amenaza de pérdida o daño
2. Desarrollar medios para minimizar los riesgos
3. Controlar el uso de los medios para reducir fallas
4. Entrenar al personal en prevención y control de pérdidas y daños
5. Disponer de una buena capacidad de reacción
6. Investigar todo hecho o actividad que sea motivo de sospecha
7. Mantener al día la tecnología de prevención

CONOCER Y UBICAR LA AMENAZA

Cuando el vigilante es asignado a un puesto, debe

a. Hacer una lista detallada de los puntos que debe proteger
b. Calcular el riesgo actual y futuro de cada uno de ellos
c. Definir que clase de peligro es el que puede suceder
d. Definir por donde puede aparecer el peligro
e. Aislar el sitio del peligro con medidas de protección y autodefensa
f. Colocarse siempre en el lugar del delincuente y preguntarse: "si yo fuera el bandido como lo haría?"

RECUERDE QUE UN SOLO PUNTO DEBIL, QUE QUEDE SIN PROTECCION, HACE VULNERABLE TODA LA ORGANIZACIÓN.

DESARROLLAR MEDIOS PARA MINIMIZAR RIESGOS

a. El vigilante no debe esperar que encuentre todo hecho, él debe establecer en su puesto unos procedimientos mínimos de seguridad y sugerirle a sus jefes que los impongan como permanentes.
b. Nunca tome riesgos calculados, las amenazas deben estar claramente definidas y controladas. Las cosas nunca se deben dejar hasta que se revienten solas
c. Solicite a sus jefes las normas y procedimientos de seguridad por escrito
d. Una vez que usted como vigilante reciba su manual de procedimientos de seguridad, cúmplalo.

CONTROLAR LOS MEDIOS PARA REDUCIR FALLAS

a. Constate que en la empresa se están cumpliendo los procedimientos, si no se está haciendo informe al Jefe de Seguridad
b. Pase revista de los dispositivos y equipos de seguridad y constate que funcionan perfectamente
c. Constate si las fallas que se han informado fueron corregidas o permanecen
d. Recomiende medidas de mejoramiento

ENTRENAR AL PERSONAL EN PREVENCION DE PERDIDAS

a. El control de pérdidas recae sobre todos los miembros de la organización empresarial, pero de manera específica sobre el vigilante

b. Solicite al Jefe de Seguridad entrenamiento en labores y funciones de prevención de pérdidas y daños propias de la empresa

c. Haga parte como vigilante del comité de prevención de pérdidas

d. Busque la aparición de riesgos nuevos y recomiende correctivos

DISPONER DE UNA BUENA CAPACIDAD DE REACCION

a. Manténgase permanentemente entrenado y ágil

b. Solicite la realización de los cursos de capacitación en los diferentes niveles

c. Cuando los horarios de servicio sobrepasen la capacidad de resistencia, hágalo saber a sus superiores

d. Planee siempre como se acercaría al sitio del problema y al delincuente

INVESTIGAR TODO CASO DE DUDA O SOSPECHA

a. Mantenga un registro de todos los casos que hayan sucedido y se hayan investigado, para que tenga referencias

b. Investigue lo que se acerque al entorno de su puesto de servicio, constate personas disfrazadas, escenas amorosas, vehículos sospechosos, paquetes abandonados, personas portando armas ocultas, mendigos, etc.

MANTENGASE AL DIA EN TECNOLOGIA PREVENTIVA

a. Aprenda a manejar los aparatos de control electrónico, pero nunca trate de armarlos ni desarmarlos

b. Lea revistas sobre seguridad para que esté actualizado

En estas Empresas existen diferentes y específicas **ZONAS**, de las que destacamos:

ZONA DE CARGA Y DESCARGA DE MERCANCIAS: Reservadas a repartos y proveedores.

ZONA DE ALMACENES: A la que sólo pueden acceder empleados y personales a autorizado. ZONAS DE SEGURIDAD: De acceso muy restringido. Incluye Salas de Máquinas y Energía; Cajas Fuertes; Líneas de Cajas; Oficinas de Administración y de Dirección; Vestuarios de Empleados, etc.

ZONAS DE LIBRE ACCESO AL PÚBLICO: Zonas de tiendas, lavabos, aparcamientos, cafeterías, hall, escaleras y ascensores públicos, etc.

Una de las funciones principales del Centro de Control, es el "CONTROL DE ACCESO" de las personas y vehículos a las Zonas antes mencionadas. Llevar un buen control de acreditaciones, tarjetas de autorización, etc., de acceso de personas (proveedores, empleados, clientes, visitadores, comerciales, etc.).

 En estos Centros se suele trabajar en EQUIPOS, y estos deben de reunir una serie de condiciones y estar cualificados en:

Manejo de elementos del servicio, sistemas de comunicaciones, alarmas, detectores de control (tipos raquetas de metales, arcos detectores, etc.).
Evitar situaciones llamativas o escandalosas, la eficacia no debe de confundirse con la rudeza, en resumen ser discretos pero efectivos.

Un servicio que se realiza de forma profesional y cortés, será reconocido por el Público y la Empresa contratante.

Como ya se ha mencionado las principales funciones del Vigilante en estos Centros son:

Prevención de ilícitos penales; Evitar Riesgos; y Disuadir con su presencia

La actividad en estos Centros varía en el transcurso del día, siendo los momentos más importantes en el desarrollo de esta actividad, las siguientes:

Antes y durante la llegada de Empleados.

Apertura al Público y Proveedores.

Salida del Personal y Cierre del Establecimiento.

Establecimiento Cerrado de Noche.

Pasaremos a estudiar la Actividad a desarrollar, en cada uno de los puntos antes mencionados:

ANTES Y DURANTE LLEGADA DE EMPLEADOS:

Realizar Ronda General para inspeccionar las instalaciones a nuestro cargo (tiendas, cafeterías, almacenes, aseos, oficinas, etc.).

Pasar el sistema de Seguridad (alarma) de noche (robo) a día (atraco); abrir a los empleados e identificarlos por sus tarjetas de identidad-seguridad, para evitar intrusos.

Si la normativa del cliente lo incluye no dejar pasar bolsas, paquetes, maletas, mochilas, etc., a los empleados, se seguirán las instrucciones con firmeza pero de forma cortes y educada.

APERTURA AL PÚBLICO Y PROVEEDORES:

La vigilancia se realizara en las diversas Zonas que tengamos asignadas, siendo importante (prevención y disuasión) en los puntos a accesos a las Tiendas. Debe de hacerse visible, ya que la sola presencia puede disuadir a muchos delincuentes potenciales o conocidos. Las puertas de acceso al público es el mejor punto de control y prevención.

Nunca se podrá acusar de sustracción a una persona hasta que ésta no tenga intenciones de abandonar la Tienda, sin abonar el artículo (que hayan sobrepasado la línea de cajas y se dirijan a la salida, sin abonar el producto).

El VS siempre que se dirija a alguna persona deberá hacerlo con la máxima educación y diplomacia, intentando evitar herir sensibilidades (Ej: sugerir el olvido de pago de alguna mercancía; en otros casos conducir cortésmente al sospechoso hasta el Departamento de Seguridad, evitando discusiones y escándalos).
Las sustracciones de objetos, efectos, etc., se realiza de infinidad de maneras, y los infractores pueden ser muy variados tales como: Descuideros, grupos marginales, niños o adolescentes, enfermos (cleptómanos), profesionales, etc., por ello, en cada caso, deberemos de actuar y tratar a las personas de formas diferentes y concretas. Hay personas que imitan sustracciones para después querellarse contra los Establecimientos.

Atención especial al autoconsumo, es un fraude muy frecuente (pero también nos pueden indicar que lo abonaran al pasar por Caja), al igual que el deterioro o daños premeditado de mercancías e instalaciones.

Caso de detectar malfuncionamiento de Equipos, roturas, fugas, etc., o problemas de mantenimiento el Vigilante lo comunicara a quien corresponda, reflejándolo en el Parte de Ocurrencias.

Prestar colaboración, protección y cobertura cuando llegan los Vehículos Blindados, para recogidas o entregas de efectivos. Prestar atención a las Cajas Fuertes del Centro, y a la línea de Cajas de cobro a clientes.

Con relación a los proveedores, identificar a los m ismos con sus tarjetas de identidad, la de sus vehículos, las de carga y mercancías que transporten, tanto a la Entrada como a la Salida de los Centros.

SALIDA DEL PERSONAL Y CIERRE:

Vigilar que los empleados no lleven artículo alguno del Centro, siguiendo si se exige la normativa del Cliente. Inspeccionar bolsas, maletines, macutos, bolsos, e incluso las arcas de basura para evitar sacar objetos del Establecimiento, etc.

Ronda General por probadores, lavabos, tiendas, cafeterías, ascensores, escaleras, oficinas, vestidores del personal laboral, aparcamientos, etc., para evitar "encalomos" y comprobar fehacientemente que no queda nadie.

Con respecto al Personal de la Limpieza, iguales medidas que para los Empleados, comprobar que no llevan nada en las bolsas, mochilas, etc., inspeccionar los materiales que lleven para la limpieza, tanto a la Entrada como a la Salida del trabajo.

Una vez terminada la limpieza se conectara la alarma nocturna (robo).

De forma periódica se comprobará el buen funcionamiento de los Sistemas de Seguridad y Contra incendios, así como, todos los relacionados con el Sistema Integral de Seguridad.

EMPRESA CERRADA DE NOCHE:

Realizar Rondas nocturnas dirigidas y aleatorias, evitando los itinerarios fijos, así como horarios (a intervalos irregulares). Cerrar puertas y grifos; desconectar maquinarias que no deberían estar funcionando; solucionar en lo posible cualquier tipo de incidencias, si éstas revisten importancia reflejarlas en el Parte por escrito.

Se podrán realizar Rondas Exteriores al Edificio, aser posible, por parejas .

Se establecerá comunicación entre los Vigilante de servicio, que estén en puntos, áreas o zonas diferentes, para comprobar la normalidad general.

En los relevos, los Vigilantes firmarán el correspondiente Parte de Servicio.

CONTROLES GENERALES PARA PREVENIR, DISMINUIR Y NEUTRALIZAR RIESGOS EN EMPRESAS

En seguridad física

- ✓ Monitoreo de los sistemas de detección de intrusos
- ✓ Mantener un estricto control de las llaves de todas las instalaciones
- ✓ Supervisar en forma permanente la barrera perimetral, puertas muros, techos, ventanas, etc.
- ✓ Ejercer un control estricto de parqueaderos
- ✓ Desarrollar un plan de detección de debilidades y vulnerabilidades
- ✓ Aplicar encuestas evaluativas entre clientes, empleados y el personal de seguridad

Control interior

- ✓ Sobre empleados y visitantes

- ✓ Monitorear y verificar el funcionamientos de alarmas y CCTV
- ✓ Revisar sitios oscuros, lejanos, closets, baños y demás sitios poco frecuentados
- ✓ Colaborar con la seguridad industrial en el mantenimiento, supervisión y empleo de equipos
- ✓ Hacer ajustes cuando las necesidades lo requieran

Control de empleados y obreros

- ✓ Desarrollar un sentido de honestidad a toda prueba
- ✓ Colaborar en la selección adecuada del personal
- ✓ Mantener buenas relaciones
- ✓ Revisar vehículos, paquetes y maletines
- ✓ Realizar investigaciones a cubierto
- ✓ Seleccionar y preparar informantes entre los empleados

Control de procedimientos

- ✓ Recepción y entrega de mercancía
- ✓ Marcación de tarjetas, tiquetes, recibos y stickers
- ✓ Cambio de mercancías y devoluciones a proveedores
- ✓ Capturas en caso de delitos flagrantes
- ✓ Colaboración con autoridades
- ✓ Remesa de dineros y consignaciones
- ✓ Cierre y apertura del establecimiento

PROTECCION A INSTALACIONES

DISEÑO DEL PROGRAMA

VIGILANCIA

PROTECCION CONTROL

El diseño apropiado de un programa de seguridad para la protección de una instalación se hace necesario tener una VIGILANCIA permanente y así detectar a tiempo un riesgo con el objeto de tener una reacción inmediata y oportuna. Además de una PROTECCION adecuada a cada una de las instalaciones que nos brinde seguridad por medios tangibles e intangibles.

A. MEDIOS TANGIBLES, Son los que impiden el paso al intruso.

Barreras Naturales
Barreras Estructurales
Barreras Animales
Barreras Electrónicas
Iluminación
Vigilantes

B. MEDIOS INTANGIBLES, Son los que disuaden al delincuente.

Planes de Vigilancia
Niveles de entrenamiento
Estado de alerta
Proximidad a la Fuerza Pública
Moral del personal de la empresa.

DEFINICIONES

La Seguridad Física tiene tres segmentos o divisiones a saber:

SEGURIDAD DE INSTALACIONES
SEGURIDAD DE PERSONAS
SEGURIDAD DE LA INFORMACION

Esto con el fin de vigilar las instalaciones, proteger el patrimonio y asegurar la información, por lo tanto la definición de protección de instalaciones será la siguiente:

PROTECCION DE INSTALACIONES

Es la parte de la Seguridad Física que mediante medios tangibles e intangibles se ocupa de los edificios, casas. Construcciones e instalaciones, cualquiera que sea su uso tales como vivienda, oficinas, comercio, fabricas, Etc. Contra la PENETRACION de un intruso o el daño de la misma.

PROTEGER:

Amparar, Defender, Auxiliar o favorecer a alguien o a algo.

AGENTES DE RIESGO A LA PROTECCION DE INSTALACIONES

Delincuencia Común
Delincuencia organizada
Subversión
Terrorismo

LOS AGENTES DE RIESGO GENERAN.

Robo

De materiales o elementos de la empresa mediante la sustracción.

Hurto y Hurto calificado

El primero se produce con engaño y el segundo mediante el uso de la fuerza física y moral.

Terrorismo

Que puede generar no solamente destrucción patrimonial sino también perdida de vidas o toma de rehenes.

Sabotaje

Es el que produce daños irreparables en la producción y normal desempeño en una empresa, generalmente lo realizan agentes internos por infiltración o penetración.

CONOCIMIENTO DE LA INSTALACION

A. SEGURIDAD EXTERNA

TOPOGRAFIA
Características, Riesgos Naturales, Barreras Naturales con sus ventajas y desventajas.

VECINDARIO
Personas o Grupos Peligrosos, índice de criminalidad, problemas sociales y lugares de esparcimiento como restaurantes, bares. Tabernas, cantinas y teatros.

BARRERAS PERIMETRICAS
GENERALIDADES
Limites de la instalación física:
Abierta
Cerrada
Semicontrolada

CERCAS O BARRERAS

TIPO : Alambre, Muro, Malla o Pirca.
ALTURA

ENTRADAS
Cantidad
Empleo Peatonales, Vehiculares, Carga, servicio.
Clandestinas.

ALUMBRADO PERIMETRICO
Tipo
Ubicación
Controles
Mantenimiento
Dirección de la luz.

VIGILANTES Y SISTEMANS DE GUARDIA
Personal
Capacidad
Entrenamiento
Inspección y control
Dotación: Radios, Armas, Equipo en general.
SEGURIDAD INTERNA

BARRERAS
Puertas
Ventanas
Llaves
Controles eléctricos
CCTV.
Posibles entradas clandestinas

VIGILANTES
Funciones específicas de control como:

Control e identificación de personas
Control e identificación de vehículos
Alarmas
Contra incendio
Contras intrusos
Comunicaciones
Radios
Teléfonos
Citofonos

PUNTOS CRITICOS
Techos y cielorrasos
Pisos
Ventanas y puertas
Cerraduras o chapas
Escaleras
Ascensores
Iluminación

OBJETOS A PROTEGER
En el parqueadero
En las oficinas
Bodegas y almacenes
RELACIONES CON EL ENTORNO

Como afectamos o que nos afecta de nuestro alrededor, Como: Embajadas, otras industrias, estaciones de servicio, edificios públicos el vecindario en general, cuál es su seguridad.
Los ruidos normales, si es una avenida muy transitada o hay mucho ruido o por el contrario si es muy apacible.

CONOCIMIENTO DEL ENTORNO

1.- INTRODUCCION

El estudio de seguridad es la base de todo programa de Seguridad, es el primer paso que toda empresa de Vigilancia debe hacer, para determinar un plan básico de Vigilancia, donde se incluya el Número de G.S., tipo de armamento, comunicaciones, funciones, controles y procedimientos, presentar las recomendaciones con la propuesta o cotización al usuario, mostrándole sus verdaderas necesidades en seguridad.

Una vez el usuario toma la Decisión, la Empresa de Vigilancia procede a la selección del personal y efectúa una inducción, para que el personal conozca la organización, funciones, controles y procedimientos en los puestos.

2.- DEFINICION DE ESTUDIO DE SEGURIDAD

Es el conocimiento que se adquiere de personas, instalaciones y procedimientos, para ser analizado con relación a las normas de seguridad vigentes y situaciones de riesgo que se puedan presentar, para determinar sus Vulnerabilidades diseñando un sistema de protección que brinde una mayor y mejor cobertura de la seguridad.

3.- CLASES DE ESTUDIOS DE SEGURIDAD

1.- FISICO   : El que se hace a las instalaciones, empresas, industrias, oficinas, almacenes, viviendas

2.- PERSONAL: El que se le efectúa a las personas y se tienen dos categorías:

LABORAL: Es que se les adelanta a los trabajadores de una empresa antes del ingreso y durante el tiempo que dure en la empresa para determinar su grado de confianza.

PERSONAJES: Es el que se le hace a los persona que por su importancia, jerarquía o posición tienen un mayor grado de riesgo, tales como : Industriales, presidentes de empresas, funcionarios públicos, etc., y determinan sus Vulnerabilidades en su seguridad.

3.- PROCEDIMIENTOS (ESPECIALES): Son los que se les hace a los diferentes normas, procedimientos, controles, planes de prevención que tiene una empresa, para determinar sus deficiencias, normalmente esta incluido en el estudio de seguridad físico.

4.- FINALIDADES DE UN ESTUDIO DE SEGURIDAD

1 Conocer las Vulnerabilidades (debilidades) del sistema de seguridad.
    2 Conocer las fortalezas del sistema de seguridad.
    3 Conocer el grado de Confianza de una persona.
    4 Conocer los riesgos existentes.
        5 Conocer las fuentes de riesgos existentes, probables o posibles.
6 Elaborar un plan básico de seguridad, prevenir y proteger eliminando los riesgos.

5.- ANILLOS DE SEGURIDAD O PROTECCION

El mejor sistema Protección es el conocido mundialmente como ANILLOS DE SEGURIDAD, la importancia que se le quiera brindar a la seguridad, determina el número de anillos, teniendo cuatro como básicos, así:

NIVELES DE PROTECCION

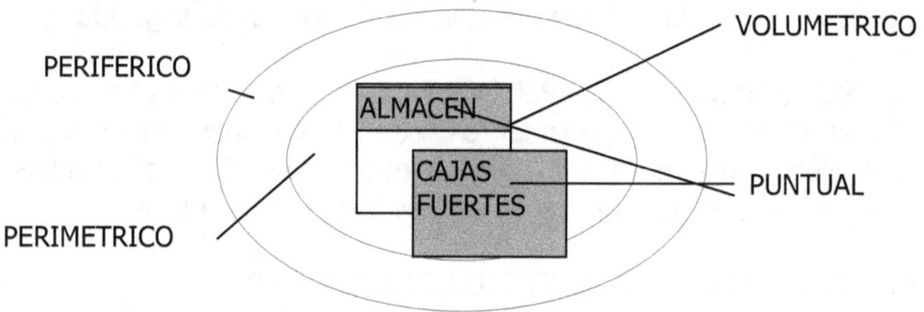

PERIFERICO:
Todos los puntos de control, críticos, vías de acceso, autoridades y otros que están en los alrededores del puesto de vigilancia.

PERIMETRICO:
Los límites del Puesto de Vigilancia, en una casa o Local son las paredes que colindan con otras casa, en empresas grandes e industrias, son los muros, mallas.

VOLUMTRICO:
Es el conjunto interior de una o varias edificaciones dentro del perimetro.

PUNTUAL:
Son las dependencias más susceptibles a la delincuencia, puede ser una o varios puntuales.

Los anillos de Seguridad o Protección se deben de analizar tanto horizontalmente como en forma vertical, teniendo en cuenta los siguientes aspecto :

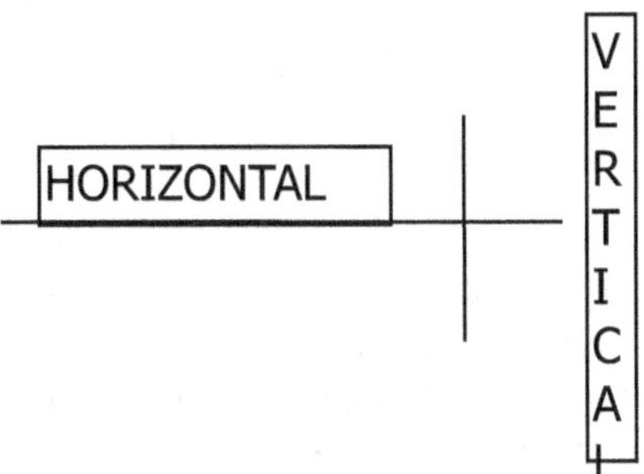

6.- PROCESO DE ELABORACION DEL E.S.

El proceso de elaboración del Estudio de Seguridad Físico, consta de tres fases, así:

DESCRIPCION : La primera fase, es la descripción total del sitio donde se va a realizar el estudios de Seguridad, parte externa, que es el entorno, parte media, que son las barreras perimétricas y la parte interna que son las instalaciones, esta descripción tiene que ser al detalle por lo que se recomienda emplear cámaras fotográficas, de vide y/o grabadora.

ANALISIS: Una vez obtenida la descripción y de haber conocido el sitio al detalle, se hace un análisis de los sistemas de protección existentes con respecto a los actuales riesgos y vulnerabilidades.

CONCLUSION Y RECOMENDACIÓN: En esta fase se determinara el grado de Riesgo del sitio y se presentaran propuestas para minimizar los riesgos y desaparecer las vulnerabilidades, fortaleciendo el sistema de protección.

Las Compañías exitosas y por tanto las más lucrativas, son por lo general las mejor dirigidas, controladas y las más seguras. Un alto grado de seguridad y control se logra por medio de la implantación de oportunas medidas de prevención, y nunca merced de planes súbitos, improvisados o por medio de programas de emergencia o de corto alcance.

El estudio de seguridad nos determinará en forma concreta el grado de amenaza y el nivel de riesgo. Con base en los resultados del estudio se diseñará el Programa de Seguridad, cuya amplitud y costo serán proporcionales al grado de exposición o peligro en que se encuentra actualmente la planta física y el personal de la empresa.

De acuerdo a lo anterior la Seguridad debe ser parte fundamental de la política gerencial a largo plazo, de cubrimiento integral y de alcance general y, como tal se debe convertir en uno de los más importantes puntos de apoyo para el desarrollo normal de la empresa.

Otro de los objetivos del Estudio de Seguridad, es de aproximar a la Gerencia a la realidad actual, reflejada en la falta de medidas de prevención las cuales permiten o facilitan que los niveles de inseguridad se disparen.

Teniendo en cuenta el anterior análisis, consideramos de vital importancia el apoyo que la Gerencia brinde al desarrollo del plan de seguridad, de tal manera que permitan identificar los riesgos, amenazas y vulnerabilidades en las diferentes áreas y procesos para prevenir, detectar y corregir todas las fallas que afectan y que atenta con el normal funcionamiento de la Empresa.

ELABORACION DE UN ESTUDIO DEL CONOCIMIENTO DEL ENTORNO

ESTUDIO DE SEGURIDAD

DESCRIPCIÓN

INFORMACION GENERAL:

Es la información general del sitio u organización donde se va ha efectuar el estudio de Seguridad.

FUNCION DE LA EMPRESA: Es el Objeto social de la misma, se hace una breve descripción de su proceso.

ORGANIZACION: Es un censo general de las personas que laboran o residen en el sitio y su jerarquía.

HORARIOS DE TRABAJO: Permite determinar el número de personas y horario de permanencia en el sitio, es importante para saber que personas están autorizadas para laborar y para elaborar los Planes de Emergencia.

ESTUDIO DEL AREA PERIFERICA (TERRENO CIRCUNDANTE) :

El Nivel Periférico es el Perímetro exterior esta compuesto por la Topografía, barrios, conjuntos residenciales, status social, condiciones sociales, actividad comercial, autoridades, personajes, estaciones de servicio, hospitales, bomberos, subestaciones de teléfonos- electrificadora – gas – acueducto, construcciones, fuentes de riesgos (grupos de delincuencia, drogadicción), iluminación, vías de acceso, afluencia de personas, transporte.

VECINDARIO
EDIF.
PONAL
ALM.
ESTACION DE GASOLINA
BANCO
TALLER

La forma de determinar si es vulnerabilidad o fortaleza, es analizando cada situación en forma particular, en este momento se debe tratar de pensar como actuaría el delincuente, que técnica emplearía, que fachada utilizaría, mas sin embargo debe tener en cuenta, no hay fortalezas 100% seguras, por consiguiente hay que reforzarla, lo que aparenta ser una fortaleza se puede convertir en debilidad. Ejemplo : Tener el puesto de Vigilancia al lado de un CAI de la PONAL, se puede analizar como una fortaleza, debido a que se cuenta con un apoyo inmediato por parte de las autoridades, pero también se convierte en una vulnerabilidad, en el caso de que ese mismo CAI sufra un atentado terrorista. En esta primera fase del estudio veremos:

1.- Área rural, urbana, sub – urbana: La ubicación es de vital importancia, una Área Rural presenta ventajas: No hay mucha afluencia de personas, se puede tener un censo de las viviendas y habitantes aledaños, una o máximo dos vías públicas, los habitantes se pueden integrar a un programa de asistencia y de acción Cívica. A su vez presenta desventajas, retirado de un apoyo inmediato, servicios públicos deficientes y fáciles de sabotear, permite encubrimiento al delincuente. Área Urbana, presenta ventajas, apoyo más rápido por parte de la empresa y autoridades, servicios públicos eficientes, mayor vigilancia por parte de las autoridades. Desventajas, vías de acceso, fácil desplazamiento, emplear diferentes fachadas, mucha afluencia de personas.
2.- Topografía: La topografía se puede definir como plana, ondulada, montañosa, árida, selvática, boscosa, con el apelativo de semi, muy o poco. Presenta sus ventajas y desventajas, se debe tener en cuenta la observación, el follajes, vías de acceso como trochas, ríos, quebradas, precipicios, puntos críticos del terreno, desniveles.

3.- Población: De la población los puntos de referencias son : Status social (Alto – Medio – Bajo) Un Status Alto se puede decir que es ventaja, las personas tienen una cultura alta, buenos ingresos, etc. Pero también tienen sus desventajas, son más susceptibles de amenazas, atentados, secuestros. Actividad económica, Comercial, industrial, financiera, portuaria, residencial y va ligada al panorama social y condiciones de trabajo.

4.- Servicios Públicos y autoridades: Es importante tener en cuenta la ubicación, distancia y tiempo de Policía, bomberos, hospitales, ambulancias, centrales o sub – estaciones de servicios públicos, para que se pueda brindar una ayuda en forma oportuna, teniendo en cuenta que tenerlos cerca, también presenta desventaja.

CARACTERISTICA DEL VECINDARIO:

Es describir la actividad económica del sector, el nivel social del sector, la tendencia de los habitantes, oficios, actividades, etc., de igual manera, los fenómenos naturales que se han presentado, latentes o probables, como de igual la experiencia de otras empresas.

PERIMETRO:
Es el nivel de Protección Volumétrico, se describe los límites del sitio y consta de los siguientes puntos.
CONSTRUCCION: Hace referencia a las construcciones o terrenos aledaños, tipo de construcción, terrenos baldíos, quebradas, etc.

BARRERAS: Casas, la fachada (Entrada o frente), paredes que limitan con los vecinos, patios. Edificio, la fachada(Entrada o frente), paredes que limitan con los vecinos. Conjuntos de Casas - Torres de Edificios y Empresas, se describen los tipos de barreras e iluminación, para lo cual existen diferentes diseños, así:

TIPO DE BARRERAS:

NATURALES:
Ríos, quebradas, precipicios, taludes, árboles o cualquier fenómeno de la naturaleza que brinda protección.

ARTIFICIALES:
Muros, Rejas, Mallas, Cercas o combinados.

ILUMINACION:

NATURALES :
La luz día (sol) en la noche la luna, es importante conocer las fases lunares.

ARTIFICIAL :

AEREA : Existen múltiples sistemas de bombillos, con características diferentes, mayor espectro (área iluminada) que otros y su duración entre otros aspectos, la ubicación y área por iluminar es importante, teniendo en cuenta, que las empresas y conjuntos prefieren que la iluminación sea al interior y descuidan el área exterior.

TERRESTRE: Farolas que están a ras de piso.

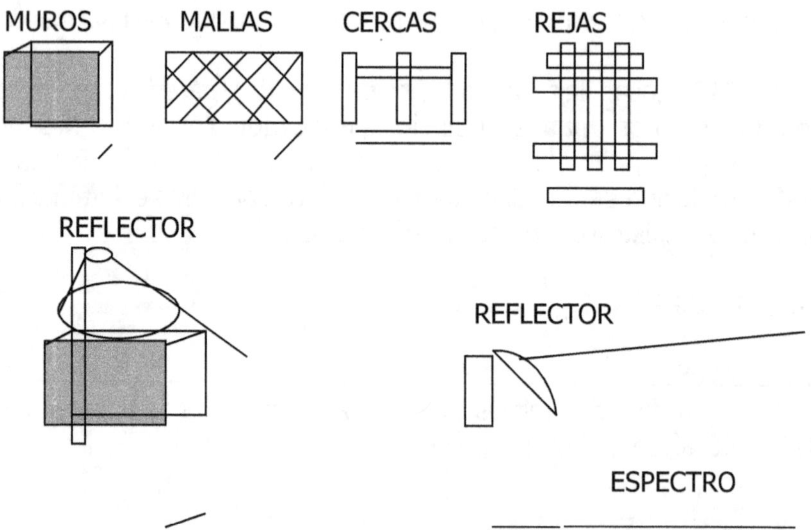

PUNTOS CRITICOS:
Esto todo aquello que permita el sobre paso a la barrera, sea esta por la parte alta o baja de la estructura, como árboles, edificaciones pegadas, canecas, alcantarillas, huecos, etc. Puntos ciegos, son aquellos que por algún motivo no dan una visibilidad completa a la malla, desechos, árboles, matas, mala iluminación artificial.

CONTROLES DE ACCESO:
Por ser una barrera, tiene entradas y salidas, describir que tipo de controles de acceso tienen, barras, rejas, portón, puertas, etc.

INSTALACIONES :

Las instalaciones se hace una descripción general de la construcción, si es en cementos, tipo de mampostería, número de plantas (pisos), cantidad de edificaciones, etc. Posteriormente, se coge dependencia por dependencia y se describe teniendo en cuenta los siguientes aspectos:

PUERTAS: Tipo de puerta(Constitución) : Madera, metálica, vidrio, combinada ; Marco o Cerco de la puerta ; Bisagras, pivotes de seguridad y tacos ; Accesorios(Ojo mágico - alarma - cerrojos) ; Cerraduras.

VENTANAS : Constitución : Vidrio, plano, corrugado, blindado, Anjeo, hueco. Marco - Bisagras - Accesorios - Cerradura.

TECHO : Tipo de techo en zinc, teja eternit, teja de barro, plancha. Traga Luz - Altura - Protección.

SISTEMA DE REFRIGERACIÓN : Ductos de aire, calados, claraboyas.

ILUMINACION INTERNA : Natural y artificial, sistema empleado.

ESTUDIO DEL CONOCIMIENTO DEL ENTORNO - ESTUDIO DE SEGURIDAD FISICO

LUGAR Y FECHA	:
EMPRESA	:
DIRECCION	:
TELEFONO	:
GERENTE	:
JEFE DE SEGURIDAD	:
FUNCIONARIOS PARTICIPANTES	:
ASESOR EN SEGURIDAD	:

I. DESCRIPCION GENERAL DE LA EMPRESA

1.- FUNCION DE LA EMPRESA :

____

____

____

____

2.- ORGANIZACIóN DE LA EMPRESA

EJECUTIVOS		OPERATIVOS	
EMP. ADMINISTRATIVOS		PLANTA	
OBREROS		EXTERNOS	
CONTRATISTAS		TEMPORALES	

3.- HORARIOS DE TRABAJO

HORA RIO DIAS	TURNO No 1	TURNO No 2	TURNO No 3

	DESDE	HASTA	No EMPL	DESDE	HASTA	No EMPL	DESDE	HASTA	No EMPL
LUNES									
MARTES									
MIERC.									
JUEVES									
VIERNES									
SABADO									
DOM/GO									
FESTIVO									

3.- UBICACIóN AUTORIDADES Y SERVICIOS DE EMERGENCIA

AUTORIDADES	DIRECCION	TELEFONO
POLICIA		
SIJIN		
DAS		
UNASES / GAULA		
BOMBEROS		
TRANSITO		
ELECTRIFICADORA		
EMPRESA DE GAS		
ACUEDUCTO		
CRUZ ROJA /DEF. CIVIL		
AMBULANCIAS		

CENTROS ASISTENCIALES		
OTROS		

II. TERRENO CIRCUNDANTE

1.- AREA : URBANA_______   SUB-URBANA_______   RURAL

____
____
____
____

2.- TOPOGRAFÍA : PLANA /MONTAÑOSA /BOSCOSA /SELVATICA /ONDULADA / DECLIVES

____
____
____
____

3.- SISTEMA VIAL : RUTAS DE ACCESO / RUTAS RAPIDAS/ LENTAS/ AUTOPISTAS

____
____
____
____

4.- SERVICIOS PUBLICOS DISPONIBLES : LUZ-AGUA-TELÉFONO-GAS-OTROS-
4.1. UBICACIóN:

____
____
____

4.2 PRESTACIóN DEL SERVICIOS

III. CARACTERISTICAS DEL VECINDARIO

1.- STATUS ECONOMICO: Condiciones de trabajo y salarios / sectores : RESIDENCIAL – INDUSTRIAL – COMERCIAL – BANCARIO – PORTUARIO – AGRICOLA – GANADERO – PETROLERO :

2.- STATUS SOCIAL : ALTO - MEDIO ALTO – MEDIO – MEDIO BAJO - BAJO

3.- PANORAMA SICOLOGICO : Tendencias e influencias políticas, delincuenciales, subversivas, sindicales

4.- FENOMENOS NATURALES : Riesgos generados por la naturaleza Sismos, inundaciones, avalanchas, terremotos, deslizamientos de tierra, etc.

5.- EXPERIENCIAS DE OTRAS EMPRESAS / OTROS COMENTARIOS :

____

____

____

____

IV. PERIMETRO

1.- CONSTRUCCIONES DEL PERIMETRO : Edificaciones Dominantes, tipos de construcción, desocupadas, lotes, terrenos baldíos, Construcciones que generen riesgo.

____

____

____

____

____

2.- BARRERAS PERIMETRICAS : Tipo, altura, material, distancia a la edificación principal, estado, limpieza, mantenimiento, remate final, sistemas electrónicos.

____

____

____

____

____

3.- PUNTOS CRITICOS DE LA BARRERA: Desechos cerca de la barrera, puntos ciegos, obstáculos, Techos, paredes, árboles cerca de la malla.

____

____

____

____

____

SEGURIDAD DE LAS INSTALACIONES

FISICA

Se aplica bajo el criterio de mantener al posible intruso fuera, El objetivo de la seguridad física es siempre el mismo, detectar la aproximación o presencia del elemento, Persona o grupo hostil para alertar oportunamente.

Recuerde que el intruso utiliza artimañas como medio de seducción para neutralizar la seguridad y poder realizar sus fechorías

No existe ninguna barrera impenetrable y los mejores resultados se obtienen combinando dos o más medios. Eje. Vigilante, CCTV y mallas.

LOGICA

Toda consecuencia natural y legitima. Ej. Descuido - Robo

La lógica es la ciencia que trata de leyes, modos y raciocinio, es el entendimiento de las cosas y se divide en dos:

INDUCTIVA: Que trata de la investigación

DEDUCTIVA: método por el cual se entiende de lo Universal a lo particular Ej. El Universo.

PSICOLOGICA

Dentro de la sicología encontramos estados de la persona que pueden ser fortalezas o debilidades para la seguridad tales como:

EL MIEDO:

Es un estado interno emocional de alarma, Zozobra, duda, inseguridad, denunciación o temor.

Cuando hay temor no hay comunicación y se crea un impulso a la prevención hasta llegar a la paranoia y el ataque defensivo, las únicas reacciones normales son la lucha y la huida.

A QUE LE TEMEN LOS VIGILANTES:

MIEDO NORMAL:
A lo desconocido o a lo que hace daño

MIEDO IRRASIONAL:
A creencias irracionales o a perjuicios.

ANSIEDAD:
Miedo continuo y desconocido

FOBIA:
Miedo exagerado y sin causa justificada a un objeto animal o a una idea.

PANICO:
Una oleada repentina de temor. Descontrol.

LOS MIEDOS MÁS COMUNES DE LOS VIGILANTES:

A tomar decisiones, equivocarse
A ser atacado o ser víctima del mismo
A perder el control
A verse envuelto en un juicio en su contra
A tener que quitarle la vida a alguien.

TRATO:

Hoy día se trata a las personas de acuerdo a su apariencia:

Cuidadosos con el grande
Respetuosos con el potente.

CRITERIO:

El criterio debe ser el faro de todas las personas

PLANILLAS PROTECCIÓN DE INSTALACIONES

LUGAR Y FECHA	
EMPRESA	
-	
TELÉFONO	
GERENTE	
JEFE DE SEGURIDAD	
FUNCIONARIOS PARTICIPANTES	
ASESOR EN SEGURIDAD	

DESCRIPCIÓN GENERAL DE LA EMPRESA

FUNCION DE LA EMPRESA:

____
____
____
____
____

ORGANIZACIÓN DE LA EMPRESA

EJECUTIVOS		OPERATIVOS	
EMP. ADMINISTRATIVOS		PLANTA	
OBREROS		EXTERNOS	
CONTRATISTAS		TEMPORALES	

HORARIOS DE TRABAJO

HORARIO DIAS	TURNO Nº 1			TURNO Nº 2			TURNO Nº 3		
	DESDE	HASTA	Nº EMPL	DESDE	HASTA	Nº EMPL	DESDE	HASTA	Nº EMPL
Lunes									
Martes									
Miércoles									
Jueves									
Viernes									
Sábado									
Domingo									

UBICACIÓN DE AUTORIDADES Y SERVICIOS DE EMERGENCIA

AUTORIDADES	DIRECCION	TELEFONO
POLICÍA		
SIJIN		
DAS		
GAULA		
BOMBEROS		
TRANSITO		
ELECTRIFICADORA		
EMPRESA DE GAS		
ACUEDUCTO		
CRUZ ROJA/ DEF CIVIL		
AMBULANCIAS		
CENTROS ASISTENCIALES		
OTROS		

TERRENO CIRCUNDANTE

AREA: URBANA ___________ SUB- URBANA ____________ RURAL _________

____

____

____

____

TOPOGRAFIA: PLANA MONTAÑOSA / BOSCOSAS / SELVATICA / ONDULADA

____
____
____

SISTEMA VIAL: RUTAS DE ACCESO / RUTAS RAPIDAS / LENTAS / AUTOPISTAS

____
____
____

SERVICIOS PUBLICOS DISPONIBLES: LUZ - AGUA - TELEFONO - GAS - OTROS
UBICACION_______________________________________

____
____

CARACTERÍSTICAS DEL VECINDARIO

STATUS ECONOMICO: Condiciones de trabajo y salarios/ sectores: RESIDENCIA - INDUSTRIAL - COMERCIAL - BANCARIO - PORTUARIO - GANADERO - PETROLERO:

____
____
____
____

1.   ESTATUS SOCIAL: ALTO - MEDIO ALTO - MEDIO - MEDIO BAJO - BAJO

____
____
____

2. PANORAMA SICOLOGICO: Tendencias e influencias políticas, delincuenciales, subversivas, sindicales

____

____

____

3. FENÓMENOS NATURALES: Riesgos generados por la naturaleza, Sismos, inundaciones, avalanchas, terremotos, deslizamientos de tierra etc.

____

____

____

1. EXPERIENCIAS DE OTRAS EMPRESAS / OTROS COMENTARIOS:

____

____

____

____

PERÍMETRO

1. CONSTRUCCIONES DEL PERÍMETRO: Dominantes, tipos de construcción, desocupadas, lotes, terrenos baldíos.

____

____

____

____

1. **BARRERAS PERIMÉTRICAS:** Tipo, altura, material, distancia a la edificación principal, estado, limpieza, mantenimiento, remate final, sistemas electrónicos.

____

____

____

____

2. **PUNTOS CRITICOS DE LA BARRERA:** Desechos cerca de la barrera, puntos ciegos, obstáculos, techos, paredes, árboles cerca de la malla.

____

____

____

____

INSTALACIONES

1. **TIPO DE CONSTRUCCIÓN:** Cemento, Ladrillo, tapia pisada, madera, No Platas (pisos), cantidad de edificaciones (principal – alcobas)

____

____

____

____

2. **CARACTERISITICAS DE LAS PUERTAS:** Madera, metálicas, vidrio.

PUERTA PRINCIPAL:

____

PUERTASINTERNAS:_____________________________

____

____

3. **SEGURIDAD EN LAS PUERTAS:** Gruesa, delgada, tipo de cerradura, sencilla, doble, pasadores.

PUERTA PRINCIPAL:

____

PUERTASINTERNAS:_______________________________

____

____

1. VENTANAS: Nº de ventanas, altura, material, cerraduras, protección.

____

____

____

____

2. TECHOS: Tipo de techo, zinc, plancha, tejas, traga luces, altura, riesgos de penetración, protección, árboles.

____

____

____

____

3. SISTEMA DE REFRIGERACIÓN O VENTILACIÓN: Ductos de aire, ventilación abierta, claraboyas.

____

____

____

____

4. ILUMINACIÓN INTERNA: Durante el día y la noche, iluminación artificial y natural, sistemas empleados, riesgos.

____

____

____

____

ILUMINACIÓN PROTECTIVA

1. BARRERA PERIMÉTRICA: Tipo de iluminación, área, terrestre, total y adecuada, cubre toda la extensión de la barrera, sectores y puntos oscuros, alumbrado interior o exterior.

____

____

____

____

____

2. SISTEMAS DE EMERGENCIA: Plantas de energía, capacidad, encendido, mantenimiento, pruebas.

____

____

____

____

____

3. AREAS ILUMINADAS: Porterías, Parqueaderos, edificaciones, control de áreas aledañas

____

____

____

____

____

4. SISTEMA DE CONTROL DE LA ILUMINACIÓN: Ubicación, acceso, manejo

____

____

____

____

____

CONTROL DE PUERTAS – CERRADURAS Y LLAVES

SISTEMAS DE CONTROL DE LAS PUERTAS: Llaves (Mecánica) electrónicas, eléctricas.

CONTROL DE LLAVES O CODIGOS: Personas que manejan las llaves o códigos de barras. Cambios de cerradura por cambio de personal, perdidas, investigación por perdida o robo de llaves.

LLAVES MAESTRAS: Existencia, personas autorizadas, distribución.

DUPLICADO DE LLAVES: Existencia control, distribución, autorización.

SERVICIO DE CAERRAJERIA: Empresa, personas, estudios de seguridad, personal.

INSPECCION DE LLAVES: Duplicados de las llaves son inspecciones, sirven, seguridad de las mismas, inventario, periodicidad.

____
____
____
____

SISTEMA DE ALARMAS EN LAS PUERTAS: Existencia y eficacia.

____
____
____
____

REGISTRO DE APERTURA Y ACCESO: Control sobre puertas de acceso restringido.

____
____
____
____

____

CAJAS FUERTES

Nº	UBICACION	RESPONSABLES

COMBINACIÓN DE CLAVES: Periodicidad cambio claves, seguridad y control de las claves.

____
____
____
____

____

CONTROL DE CANDADOS: Cantidad de candados, control de llaves, inspecciones, cambios, rotación de los mismos.

PUERTA
PRINCIPAL:

____
____
____
____

____

PUERTAS
INTERNAS Y OTRAS PUERTAS:

____
____
____
____
____
____
____

____

SISTEMAS DE ALARMAS

EMPLEO DE SISTEMAS DE ALARMAS: Contra – sustracción, vidrios, incendios, aperturas, pánico, emergencias.

____
____
____
____
____
____
____
____

TIPOS DE ALARMAS:

UBICACION	MONITOREO	TIPO	RESPONSABLE

MANEJO DE ALARMAS: Personas autorizadas para la conexión y desconexión del sistema

____

____

____

____

CIRCUITOS CERRADOS DE TELEVISIÓN: Existencia, ubicación control, responsables

UBICACIÓN CAMARAS	MONITOREO	RESPONSABLE

MANTENIMIENTO DEL SISTEMA DE ALARMAS: Responsable y Periodicidad del mantenimiento, pruebas.

____

____

____

____

____

FALSAS ALARMAS: Periodicidad de las falsas alarmas, motivo, reacción.

____

____

____

____

PROCEDIMIENTOS Y REACCION EN LA ACTIVACION DEL SISTEMA DE ALARMAS

____

____

____

____

SEGURIDAD FÍSICA

GUARDAS DE SEGURIDAD

PUESTO	Nº G.S.	UBICACION	FUNCION PRINCIPAL

SERVICIO DE RONDA / PISOS / SECTORES

CONCEPTO	PTO 1	PTO 2	PTO 3	PTO 4	PTO 5
Nº G.S.					
HORARIO					
DURACIÓN					
RUTA					
CONTROLES					
REGISTRO					
PTOS CRITICOS					

DOCUMENTOS Y REGISTRO: Esta al día la documentación del Pto., libros de control,   se llevan en orden y pulcritud, cumple sus objetivos, actas de elementos, registran las rondas.

____

____

____

____

FUNCIONES Y CONSIGNAS: Están registradas, las conocen, las practican, existen ordenes adicionales y recomendaciones de seguridad.

____

____

____

____

ENTRENAMIENTO: Capacitación del personal, entrenamiento, polígono.

Guarda de Seguridad	Nivel Capacitación	Reentrenamiento	Polígono

PROCEDIMIENTOS ESPECIALES: Conoce los procedimientos en caso de atentados, amenazas, hurtos, otras situaciones, existes planes.

____

____

____

____

PRESENTACIÓN PERSONAL: Porte, aseo, limpieza, documentos

____

____

____

____

INCIDENTES / ACCIDETES / RIESGOS: Se tiene registros sobre incidentes, accidentes y riesgos de situaciones presentadas en el puesto, se ha tomado acción, son divulgados.

____

____

____

____

RELACION DE FUNCIONARIOS: Existen la relación de los nombres, cargos y teléfonos de los funcionarios de la empresa.

NOMBRE Y APELLIDOS	CARGO/ DEPENDENCIA	TELEFONO

CONTROL DE PERSONAL

SISTEMA DE CONTROL DE ENTRADA Y SALIDA: Carnet, fichos, escarapelas, libros, procedimientos.

EMPLEADOS:

____
____
____
____
____

VISITANTES

____
____
____
____
____

EMPLEADOS TEMPORALES:

____
____
____
____
____

CONTRATISTAS / MANTENIMIENTO:

____

____

____

____

RESIDENTES:

____

____

____

____

OTROS:

____

____

____

____

CONTROL INTERIOR

CONTROL DE CORRESPONDENCIA Y ENCOMIENDAS: Verificación del destinatario y remitente, mensajería, se lleva registro, se inspecciona, devoluciones.

____

____

____

____

CONTROL DE BASURAS, DESPERDICIOS, CHATARAS: Controles, revistas, salida de elementos, personal autorizado.

____

____

____

____

CONTROL DE VEHÍCULOS: Empresa, empleados, residentes, visitantes, particulares, libros de control, ficheros, autorizaciones, entradas, salidas, inspecciones.

____

____

____

____

CONTROL INTERNO DE PERSONAL:

____

____

____

____

CONTROL DEL PARQUEADERO: Tipo de control, libros, ficheros, iluminación.

____

____

____

____

CONTROL DE PRODUCTOS: Cargue y descargue de mercancía, supervisión, facturación, autorización, libros.

____

____

____

____

CONTROL DE CONDUCTORES: Existen áreas de permanencia de los conductores, vagan libremente.

____

____

____

____

ENTREGA DE MERCANCÍAS: Horarios de entrega, fuera de horario.

____

____

____

____

MERCANCÍAS FUERA DE BODEGA: Que tipo de control existe, vulnerabilidades,

____

____

____

____

SEGURIDAD PERSONAL

PERSONAL DE EMPLEADOS: Se hace proceso de selección e investigación, quien lo adelanta.

____

____

____

PROCEDIMIENTOS PARA ASIGNACIÓN DE ELEMENTOS: Documentos, maquinaria, llaves, credenciales.

____

____

____

____

La Seguridad Personal y Familiar

Estudio de Seguridad Personal

1.   Planeamiento

El planeamiento de un programa de protección de personas contempla el perfeccionamiento y ejecución de las siguientes etapas:

a) Hacer un panorama de riesgos de seguridad para el personaje y su familia
b) Elaborar un plan de acción, mediante el diseño de sistemas de seguridad
c) Establecer un sistema de auditorías para hacer ajustes al plan.

2.   Ejecución

La ejecución del plan está determinada por los siguientes pasos:

a) Recolección de información y ciclo de inteligencia
b) Elaborar el proyecto del plan de seguridad y discutirlo con el personaje y su familia
c) Aprobado el proyecto, elaborar el documento final o sea EL PLAN DE SEGURIDAD
d) Seleccionar un cuerpo de vigilancia para la residencia y oficinas y un grupo de escoltas para la protección personal
e) Establecer un programa de entrenamiento y actualización para el personal de vigilantes y escoltas
f) Adquisición de vehículos de seguridad

Reconocimiento Inicial

Para la elaboración del panorama de riesgos se debe hacer una inspección o reconocimiento inicial de todos los lugares y actividades del personaje y su familia. Estas inspecciones deben efectuarse en diferentes días de la Semana y en diferentes horas para lograr captar una imagen lo más cercana a la realidad y se deben tener en cuenta los siguientes puntos:

1.   Estudio de seguridad de la Residencia
    -    Perímetro
    -    Vecindario
    -    Sistemas de acceso
    -    Topografía circundante
    -    Vías
    -    Estructura de la construcción
    -    Iluminación
    -    Alarmas
    -    Correspondencia
    -    Personal

2.   Estudio de seguridad de la oficina

    -    Control de accesos
    -    Perímetro
    -    Parqueaderos
    -    Procedimientos de portería
    -    Llaveros
    -    Alarmas
    -    Adquisición de pasajes
    -    Correspondencia
    -    Proveedores, contratistas y aseadores
    -    Grabaciones telefónicas
    -    Vidrios y puertas de seguridad
    -    Detectores
    -    Plan para emergencias

3.   Estudio de seguridad de desplazamientos

- Conductores
- Vehículos
- Escoltas
- Armas
- Avanzada
- Análisis de rutas
- Seguimiento y contra seguimiento
- Seguridad en sitios visitados

Establecimiento del Programa de Seguridad Física

1.   Consideraciones de carácter general

• La Inseguridad

Los atentados dinamiteros, las amenazas de bombas, las practicas extorsivas, los robos continuados, sumados a los secuestros y a los asesinatos, se han convertido en hechos de común ocurrencia. Las empresas, al igual que las personas son blanco de esta clase de delincuencia. Para contrarrestar esta amenaza toda empresa debe contar con planes simples pero efectivos para evitar que estos delitos atenten contra su estabilidad.

• La Vulnerabilidad

Es la explotación que los delincuentes pueden hacer, del conocimiento de los puntos débiles de la empresa. La vulnerabilidad puede estar en la planta física o en las personas, por eso se debe establecer que los ambientes sean seguros y se debe hacer el estudio de seguridad de todas las personas que ingresen a la empresa; Establecer cual es el nivel de pérdidas y ajustar con base en él el PLAN

DE SEGURIDAD FISICA.

2.   Administración de la Seguridad

La función de seguridad debe estar basada en la aplicación de técnicas administrativas, tales como:

a) Planeamiento real y anticipado
b) Administración de personal
c) Desarrollo profesional
d) Elaboración de presupuestos
e) Administración por objetivos
    -   Organización general
    -   Empleo de barreras físicas
f) Sistemas de Seguridad
    -   Equipo
    -   Personal
    -   Procedimientos
g) La Fuerza de Seguridad
    -   Es el rubro más costoso del programa
    -   Determinación del número de puestos necesarios
    -   Nombramiento de supervisores
h)   Prevención de pérdidas
    -   Determinación de frecuencias y lugares de pérdida
    -   Puntos y procedimientos críticos
    -   Objetos
    -   Ajuste de procedimientos de control
    -   Control de inventarios
i)   Auditorías
j)   Investigaciones
    -   Procedimientos
    -   Denuncias ante las autoridades públicas

3.   Educación en seguridad

Todo el personal de la empresa y sus familiares debe recibir periódicamente boletines que contengan temas sobre aspectos de seguridad, en los cuales se les haga ver que ellos son una extensión de la seguridad de la empresa y que ésta necesita de sus ojos, oídos y boca, con el fin de ampliar su sistema de recolección de información y con el fin de prestar un mejor servicio de seguridad así como por la necesidad de que cada funcionario se de una autoprotección. Estos documentos junto con recortes informativos de la prensa deben colocarse también en las carteleras de las diferentes dependencias con el fin de ir creando conciencia de seguridad. De esta forma se facilita el mejor cumplimiento de los procedimientos de seguridad para el personal de la vigilancia.

PLANEACIÓN Y EVALUACIÓN DEL PLAN DE COMUNICACIÓN

1. TEORÍA GENERAL DE LA COMUNICACIÓN

DEFINICIÓN

La palabra "comunicación" se deriva del verbo latín, "comunicare", que significa hablar el uno con el otro, discutir consultar el uno con el otro, transferir información. Además se considera como un proceso porque requiere de un procedimiento que genera una respuesta.

IMPORTANCIA

En nuestra sociedad como en todas las sociedades del mundo que caminan hacia el progreso, se hace indispensable la presencia de personas capaces de expresar con claridad sus ideas. La comunicación es el proceso más importante de la interacción humana, el concebirla únicamente como la transmisión y recepción de un mensaje nos impide entender su esencia, profundidad y trascendencia.

CUALIDADES DEL COMUNICADOR

Toda persona que quiera llegar a ser un comunicador eficaz, debe cultivar las siguientes cualidades:

OBSERVACIÓN: Tener los sentidos entrenados para percibir todo lo que sucede a su alrededor.

OBJETIVIDAD: Para cualquier persona resulta imposible despojarse de sus creencias, así que la objetividad total no existe, sin embargo debe buscar acercarse lo máximo a ella para lograr el beneficio común.

RESPONSABILIDAD: Todo comentario o escrito debe ser debidamente sustentado con una investigación seria. Cualquier descuido en este sentido puede originar consecuencias irreparables.

ETICA: Su vida debe ser coherente con sus palabras. Propagar valores, no antivalores.

TOLERANCIA: Respetar las ideas y creencias de otras personas, no caer en polémica constante, no hablar mal de nadie, valorar el trabajo en equipo.

CULTURA GENERAL: Ser un excelente lector, mantenerse informado de lo que sucede en su contexto regional, nacional e internacional; tener un programa de superación constante.

RESPETO POR LA VERDAD: Buscar siempre la verdad y expresarla con espíritu de edificación.

ORGANIZACIÓN: Tener un orden en su desarrollo personal y laboral y estructurar la manera de expresar su pensamiento.

CREATIVIDAD: Buscar la manera de innovar y aplicar los conceptos de acuerdo al público al que van dirigidos.
ESPÍRITU DE SERVICIO: Mantener un espíritu de servicio antes que de manipulación o alimentación del ego.

ELEMENTOS DE LA COMUNICACIÓN
La comunicación es un proceso que requiere de los siguientes elementos:

FUENTE: Quien origina el mensaje. La fuente debe ser hábil en el manejo del lenguaje oral y escrito. Además debe tener una correcta imagen de sí mismo y de los demás.

RECEPTOR: Quien recibe el mensaje. El receptor debe tener habilidades para escuchar y para leer. Igualmente una imagen correcta sobre sí mismo y los demás.

MENSAJE: Lo que se dice. El propósito del mensaje debe ser claro y completo.

CANAL: Conducto a través del cual pasa el mensaje. La fuente debe buscar el canal más adecuado para transmitir su mensaje de acuerdo a las habilidades del receptor y a la situación (una conversación cara a cara, una carta, un mensaje por terceros...).

CÓDIGO: Forma de expresar el mensaje: el lenguaje verbal, escrito o no verbal.

RETROALIMENTACIÓN. Respuesta que convierte al Receptor en Emisor. Indica si se cumplió el objetivo de la comunicación.

RUIDO: Cualquier tipo de Interferencia. Auditiva, visual, emocional, etc.

NIVELES DE COMUNICACIÓN.

NIVEL MICROSOCIAL: En este nivel se pueden distinguir el estudio de los fenómenos de comunicación en las instituciones y organizaciones, pequeños grupos e intrapersonal.

Organizaciones: Toda organización posee una estructura y realiza funciones, las cuales son posibles gracias a los nexos y redes de comunicación que se establecen entre los diferentes elementos.

Grupo pequeño: En todos los grupos existen mecanismos de comunicación que establecen nexos diferenciales entre sus miembros, algunos son líderes, otros son seguidores, existen diferentes tipos de afinidades.
Intrapersonal: Mediante el cual el sujeto se comunica consigo mismo. Es el nivel más elemental.

NIVEL MACROSOCIAL. Estudio de los sistemas de comunicación a la sociedad global como la cultura y los medios de comunicación masivos.

CLASES DE COMUNICACIÓN

COMUNICACIÓN ORAL
Es aquella que se expresa a través de signos sonoros o palabras articuladas. La comunicación oral debe tener como mínimo las siguientes cualidades:

CLARIDAD: Expresión al alcance de un hombre de cultura media fruto de un pensamiento diáfano, conceptos bien digeridos y exposición correcta (buen uso del lenguaje).

CONCISIÓN: Utilizar sólo palabras indispensables, justas y

significativas para expresar lo que se quiere decir, se debe evitar la verborrea o cantaleta.

COHERENCIA: Orden en las ideas, de tal manera que el oyente no se vea obligado a ordenar en su cerebro. La expresión de las ideas debe ser lógica

SENCILLEZ: Evitar el lenguaje rebuscado que sólo busque impresionar a los demás.

NATURALIDAD: Un orador es natural cuando se sirve de su propio vocabulario, de su habitual modo expresivo.

COMUNICACIÓN ESCRITA

Es aquella que se sirve de grafismos como letras y signos de puntuación. Sus características son:

CLARIDAD: Debe escribirse con sencillez para que pueda entenderse.

BREVEDAD: Expresar el máximo de ideas con el mínimo de palabras.

PRECISIÓN: Escribir sin rodeos, situándose en el lugar del receptor.

CORRECCIÓN: Manejo correcto de la presentación, ortografía y redacción.

TOTALIDAD: Transmitir un mensaje completo, no dejando vacíos o temas sin concluir.

COMUNICACIÓN NO VERBAL

Es aquella que se realiza por medio de códigos presenciales como gestos, movimientos de los ojos, o calidad de voz. Su objetivo es reforzar el lenguaje oral, manifestar emociones o reemplazar el lenguaje oral. Algunos de ellos son:

PROXIMIDAD (Proxémica): Mensaje que proviene de nuestra cercanía a otra persona. Una distancia menor de un metro es íntima, hasta dos metros y medio es personal, más de dos metros y medio es semipública, etc. las distancias precisas pueden variar de cultura a cultura, por ejemplo la distancia de la clase media tiende a ser ligeramente mayor que la de la clase trabajadora.

APARIENCIA: Cabello, vestido, zapatos, piel, olor y pintura corporal. La manera como se utilicen estos elementos, puede despertar mensajes diversos.

EXPRESIÓN FACIAL: Puede ser desglosada en los subcódigos de posición de las cejas, la mirada, el movimiento de la boca. Esta expresión facial muestra menos variaciones transculturales que la mayoría de los otros códigos no verbales.

GESTOS (Kinésica): La mano y el brazo son los principales transmisores de gestos, pero los gestos de los pies y la cabeza también son importantes. Estos movimientos generalmente acompañan el habla y en ocasiones pueden indicar estados emocionales específicos.

ASPECTOS NO VERBALES DE LA PALABRA: La entonación, el acento, volumen, pronunciación y velocidad, indican el estado emocional de la persona, su personalidad o status social.

COMUNICACIÓN EN LA EMPRESA

IMPORTANCIA

Una buena comunicación es importante para los gerentes por dos razones. En primer lugar, la comunicación es el

proceso mediante el cual se cumplen las funciones gerenciales de planeación, organización, dirección y control. En segundo lugar, la comunicación es una actividad a la que los gerentes dedican una abrumadora cantidad de su tiempo.

COMUNICACIÓN ORGANIZACIONAL

La comunicación en la organización es una variable determinante de la cultura de trabajo, el clima laboral, las relaciones de trabajo, el liderazgo y la productividad. De allí que en el contexto empresarial actual de los intangibles la comunicación se perciba como ventaja competitiva y se ha condensado en una ciencia: la Comunicación Organizacional.

Objetivos que ayuda a cumplir la Comunicación Organizacional:

Establecer y difundir las metas de una empresa: Las empresas actuales trabajan sobre el modelo de Planeación Estratégica. La Comunicación ayuda a que públicos internos y externos tengan una idea clara de cuál es la Visión, Misión, Objetivos, Metas y Estrategias de la empresa.

Desarrollar planes para su consecución: La comunicación en el trabajo genera motivación intrínseca en los miembros de la organización, confianza y franqueza para desarrollar planes que retroalimentan el conjunto de la organización.

Organizar recursos humanos y otros de la manera más eficiente y eficaz. La comunicación estimula el trabajo en equipo y crea un clima de confianza donde se identifican las características de cada persona y se aprovecha al máximo su potencialidad.

Seleccionar, desarrollar y evaluar a los miembros de la organización.

La comunicación permite elegir al personal idóneo para la empresa, además tener un seguimiento de su desempeño.

Crear, motivar y cultivar un clima en que las personas deseen contribuir. A través de la comunicación se logra la libre expresión del personal, se facilita su participación en la solución de problemas y se estimula el sentido de pertenencia. Contribuye a que la participación se dé por sinergia no por autoritarismo.
Relacionar la empresa con su medio externo. Las relaciones con los públicos son vitales para el desarrollo de una empresa, éstas se logran a través de la comunicación.

REDES DE COMUNICACIÓN DENTRO DE LA EMPRESA

Las organizaciones pueden diseñar sus redes, o estructuras de comunicación de diversas maneras. Algunas redes quizá se diseñen de una manera rígida, de tal manera que cada uno se comunique únicamente con ciertas personas de la empresa. Otras redes tienen un diseño más flexible, se estimula a los miembros a que se comuniquen en todos los niveles.

COMUNICACIÓN VERTICAL: Es la que se realiza en dirección descendente y ascendente en la cadena de mando de una organización. La comunicación descendente comienza en la alta dirección y fluye hacia abajo a través de los niveles medios hasta llegar a la comunidad en general. Los objetivos principales de la comunicación descendente son aconsejar, informar, dirigir, instruir y evaluar a los subordinados, lo mismo que proporcionar a los integrantes información acerca de las metas y políticas organizacionales.

La función principal de la comunicación ascendente es suministrar información a los niveles superiores respecto a lo que está sucediendo en los niveles inferiores. Incluye los informes de avance, sugerencias, explicaciones, peticiones de ayuda o de decisiones, consultas y aprobaciones.

Su principal debilidad es que tiende a ser filtrada, modificada o detenida por los gerentes de nivel medio, quienes consideran parte de su trabajo proteger a la gerencia de nivel superior contra datos no esenciales que se originan en niveles más bajos. Además, a veces impiden que llegue a sus superiores la información que pudiera redundar en perjuicio de ellos.

COMUNICACIÓN LATERAL E INFORMAL: Es la que se produce entre los miembros de los grupos de trabajo, entre grupos de trabajo, o entre miembros de distintos departamentos. Su propósito principal es ofrecer un canal directo de la coordinación, cooperación y solución de problemas en la organización.

RUMOR: Se considera una comunicación informal y muestra un gran menosprecio por el rango o la autoridad. Puede enlazar a los miembros de la organización en cualquier combinación de direcciones: horizontal, vertical, diagonal, circular.

BARRERAS PARA UNA EFECTIVA COMUNICACIÓN ORGANIZACIONAL Y FORMAS DE SUPERARLAS

Todo factor que impide el intercambio de información entre un emisor y un receptor es una barrera para la comunicación. Esas barreras son extremadamente comunes, y aparecen en una variedad casi ilimitada de formas. Algunas son problemas evidentes con soluciones claras (ruido en el entorno), otras son mucho más sutiles y hay que ser muy observador para captarlas (status, prejuicios, malas interpretaciones). Estos últimos tienden a ser más perjudiciales por estar a menudo relacionados con las debilidades del individuo y con sus defensas, de modo que no es posible arreglarlos con facilidad; su solución requerirá mucho tacto, conocimiento de sí mismo y madurez por parte de todos los interesados. Las barreras más comunes en la comunicación de las empresas son:

Falta de planeación: La buena comunicación pocas veces ocurre accidentalmente. Con demasiada frecuencia las personas empiezan a hablar y escribir sin primero pensar, planear y definir el propósito del mensaje. Sin embargo, conocer las razones de una directiva, seleccionar el canal más idóneo y elegir el momento apropiado pueden mejorar enormemente el entendimiento y reducir la resistencia al cambio.

Suposiciones no clarificadas: Las suposiciones no comunicadas, pero implícitas en los mensajes, son muy importantes a pesar de que a veces se Pasan por alto. Un cliente podría enviar una nota de que visitará la planta de un vendedor. Posteriormente podría suponer que el vendedor lo recogerá en el aeropuerto, le reservará una habitación en un hotel, le preparará el transporte y hará con él una revisión completa de programa de planta. Sin embargo, el vendedor podría suponer que el cliente llega a la ciudad para asistir a una boda esencialmente, y que hará una llamada de rutina a la planta. Estas suposiciones no clarificadas en ambos casos podrán producir confusión y la pérdida de buena voluntad.

Percepciones diferentes: Una de las fuentes más comunes de las barreras de la comunicación es la variación individual. Las personas que tienen diferentes conocimientos y experiencias, con frecuencia perciben la misma información desde distintas perspectivas.

Diferencias de lenguaje: Para que un mensaje sea comunicado como es debido, las palabras utilizadas deben significar los mismo para el emisor y para el receptor. Conceptos como autoridad, bienestar, puntualidad, pueden tener distinto significado para las personas.

Además, es necesario tener en cuenta que las palabras tienen un fuerte valor simbólico y por lo tanto no conviene usarlas como designaciones. Por ejemplo, si calificamos a ciertos individuos de "lentos" o "poco confiables" comenzaremos a verlos desde ese punto de vista y lo que es peor ellos terminan creyéndolo y por lo tanto actuando como tales, a este efecto se le conoce como "efecto de Pigmalión".

Emotividad: Las reacciones emocionales (ira, amor, defensa, odio, celos, miedo, vergüenza) influyen en la manera de entender el mensaje de otros y también en cómo influimos en los demás con nuestros mensajes. De ahí la importancia de cultivar una buena inteligencia emocional.

Desconfianza: la credibilidad de un mensaje es, en gran medida, una función de credibilidad del emisor en la mente del receptor. La desconfianza, amenazas y temor socavan la comunicación. En un clima que contenga estas fuerzas, cualquier mensaje será visto con escepticismo.
"Al niño que dice mentiras" nadie le creerá cuando realmente diga la verdad. De manera similar, el gerente que considera "urgentes" todas sus órdenes, descubrirá que sus subordinados no reaccionan con prontitud cuando se presenta una verdadera emergencia.

Pérdidas por la transmisión y una mala retención: En una serie de transmisiones de una persona a la siguiente, el mensaje va perdiendo precisión. La mala retención de información es otro problema grave. Esto hace necesaria la repetición del mensaje y el uso de varios canales bastante obvios. Por eso, las compañías utilizan a veces más de un canal para comunicar el mismo mensaje.

Sobrecarga de información: Un flujo de información sin límites puede producir dos problemas: primero que el receptor termine ignorando los mensajes ó que cometa errores al procesarlos.

No tener la disciplina de escuchar: El gerente apresurado que nunca escucha, pocas veces logrará tener un punto de vista objetivo del funcionamiento de la organización. El tiempo, la empatía y la concentración en los mensajes del comunicador son requisitos previos para el entendimiento. La clave para cumplir esta norma es: dejar de hablar antes de poder escuchar.

Un buen líder deberá ser capaz de identificar y comprender las barreras para la comunicación que se pueden presentar en situaciones diferentes entre colegas, entre subordinado y superior, entre superior y subordinado y entre las personas de la empresa con los de afuera.

RESOLUCIÓN DE CONFLICTOS

Un tema trascendental en la nueva empresa es también el manejo del conflicto, ya que éste es inherente a la naturaleza humana y es necesario aprender a verlo como una fortaleza de la empresa y no como una de sus debilidades.

Traemos a consideración uno de los métodos más aceptados actualmente en el mundo empresarial: "El Método Nadie pierde". Este presenta los siguientes pasos:

Reconocer el conflicto.

Consiste en identificar con claridad la conducta que crea el conflicto y expresar en forma clara y abierta por qué es molesta esta situación. Es importante aceptar que existe un conflicto y expresar abiertamente el deseo de mejorar las cosas.

Encontrar y evaluar las posibilidades de solución.

Aquí es importante ubicar todas las posibilidades de acción que puedan solucionar el conflicto y evaluarlas mirando los pro y los contra de cada una.

Decidir cuál es la mejor solución.

Decidir la alternativa más adecuada

RECOMENDACIONES.

Se debe escuchar con atención las ideas de todas las personas que están afectadas por el conflicto, respetando sus aportes.
No agredir ni atacar a los otros; utilizar la forma "YO" de comunicación. Por ejemplo: en lugar de decir: "Tú no me tomas en cuenta", decir: "Yo me siento ignorado".

Expresar con claridad nuestro punto de vista, nuestros valores y sentimientos ante la posibilidad de una decisión.
Ceder un poco para encontrar un punto intermedio
Aclarar el compromiso que se adquiere con cada una de las alternativas.

Evaluar La Solución.

Un tiempo después se debe revisar la forma en que está desarrollando la decisión y los resultados obtenidos con ella.

PLANEACIÓN Y EVALUACIÓN DEL PLAN DE COMUNICACIÓN

Para lograr un plan específico de comunicación para una empresa se aconseja seguir los siguientes pasos:
Diagnosticar procesos de comunicación en la empresa. A través de estrategias como encuestas, entrevistas o talleres, evaluar la eficiencia de la comunicación en la empresa. Teniendo como base los objetivos esbozados en el punto anterior.

Detectar y poner en marcha las estrategias necesarias para rescatar los elementos positivos en beneficio de los clientes internos y externos. Después de haber identificado las fortalezas y debilidades del sistema de comunicación desarrollar planes para optimizarla.

Adelantar procesos de sicología empresarial. Inducción de personal, Propiciar espacios de reflexión sobre temas como: relaciones interpersonales, comunicación, trabajo en equipo, empatía, entre otros.

Capacitar: Mantener un programa continuo de superación laboral. Regular y crear medios de información internos. De acuerdo a los recursos implementar medios internos de comunicación como carteleras, boletines, medios audiovisuales y la comunicación personal como comités, conferencias, paneles, talleres, circulares, memorandos, etc.

Manejar la imagen corporativa. Las empresas como las personas necesitan ser sumamente cuidadosas con la imagen que proyectan a los demás. A través de la comunicación la empresa debe lograr plasmar su identidad tanto en los públicos internos como externos (logos, slogans, uniformes, oficinas, papelería, perfil de sus empleados, coherencia con su Visión, Misión, Metas, Objetivos, Estrategias y Valores).
Es importante tener en cuenta que estos proceso no se dan de la noche a la mañana ni espontáneamente. Es necesario ser perseverante, organizado y visionario para construir esta cultura de COMUNICACIÓN ORGANIZACIONAL.

MANEJO DE CRISIS

PLANES PARA MANEJO DE CRISIS

EMPRESA COMO SISTEMA

PRODUCTOS O SERVICIOS

- n RECURSOS HUMANOS
- n RECURSOS MATERIALES
- n RECURSOS
- n MEDIO AMBIENTE

MERCADO

UTILIDAD-BENEFICIOS

PLANES PARA MANEJO DE CRISIS

OBJETIVOS CRITICOS DE LAS EMPRESAS

1. RENTABILIDAD

2. PERMANENCIA

3. RESPONSABILIDAD SOCIAL

4. BIENES -PERSONAS

Todo sistema depende para su operación de un conjunto de variables o funciones, que pueden ser:

NO ESENCIALES
CRITICAS

SINIESTRO

EVENTO NO DESEADO CON CAPACIDAD DE GENERAR EFECTOS NEGATIVOS EN EL SISTEMA QUE LO SUFRE

ANTECEDENTES

EL RIESGO ESTA PRESENTE EN TODAS LAS ACTIVIDADES DEL HOMBRE
SINIESTRALIDAD
CONSECUENCIAS

TIPOS DE CRISIS

LIMITADA
Afecta solo al sistema que sufre el siniestro

EXTENDIDA
Afecta TODA la comunidad

DESASTRE

Impacto GRAVE para un sistema ante la presentación de un siniestro
El sistema sobrevive

CATASTROFE

Desaparición total o parcial de un sistema como resultado de un siniestro

CRISIS

Situación con potencial de generar Desastres o Catástrofes poniendo en peligro la supervivencia del sistema

PLAN DE EMERGENCIA

Acciones operacionales tendientes a controlar y/o eliminar el Evento que es fuente de la "amenaza inmediata" incluye actividades de emergencia tales como combate de incendios, control de fugas o derrames, rescate de personas, evacuación de instalaciones y salvamento de bienes.

PLAN DE CONTINGENCIAS

Acciones administrativas y/o operacionales tendientes a controlar y/o eliminar el evento que afecta la operación de un sistema y limitar sus efectos.

Incluye actividades de remodelación, ingeniería, mantenimiento de información pública, etc.

PLAN PARA MANEJO DE CRISIS

Preparación corporativa para proveer los recursos y medios necesarios para identificar y valorar las situaciones con potencial de generación de crisis, prevenir, mitigar sus consecuencias y recuperar el sistema, con el fin de garantizar la supervivencia del mismo.

Prevención

Mitigación

Control
- Alerta
- Alarma
- Respuesta

Recuperación
- Rehabilitación
- Reconstrucción

ESTRUCTURA DE RESPUESTA CORPORATIVA

1. Evalúa impacto potencial
2. Define estrategias corporativas
3. Maneja acciones externas
4. Proporciona apoyo administrativo

ESTRUCTURA DE RESPUESTA LOCAL

1. Determina recursos requeridos
2. Moviliza recursos requeridos
3. Implementa respuesta en el sitio
4. Coordina recursos en el sitio
5. Supervisa recurso en el sitio

EQUIPO DE MANEJO DE CRISIS

ROL DEL EQUIPO DE MANEJO DE CRISIS

Diseñar , implementar y coordinar la respuesta corporativa en casos de crisis.

COMPOSICION

Personal gerencial que representen las áreas funcionales CLAVES para el desarrollo del negocio.

COMITÉ DE EVALUACION DE INCIDENTES CEI

ROL

Realizar análisis preliminar y determinar si es necesario la respuesta corporativa

COMPOSICION

Personal de ALTO NIVEL con capacidad de evaluar un incidente en todos sus aspectos relevantes

PLAN PARA EL MANEJO DE CRISIS

PROPOSITOS

1. Implementar políticas de riesgos
2. Proporcionar organización para eventos mayores
3. Optimizar el uso de los recursos
4. Cumplir con la ley
5. Facilitar relaciones con la comunidad
6. Garantizar la continuidad del negocio

PROCESOS PARA LA PLANIFICACION DE CRISIS

1. ESTRUCTURA PARA EL PROYECTO

- Establecer políticas de riesgos
- Obtener el compromiso en el más alto nivel
- Planificar
- Suministrar las herramientas
- Alcances del plan
- Cronograma de actividades

2. ANALISIS DE RIESGOS Y VULNERABILIDADES

- Identificar la amenaza
- Determinar escenarios
- Desarrolle el perfil de riesgos
- Establezca criterios de escenarios

3. ESTRATEGIAS PARA CRISIS

- Con que contamos
- Estrategias preventivas
- Estrategias de protección
- Estrategias de financiación
- Estrategias de recuperación

4. DESARROLLO DEL PLAN

- Funciones y responsabilidades
- Recolección de datos
- Procedimientos estandarizados
- Establezca recurso y medios
- Escriba el plan

5. ENSAYO Y APROBACION

- Adapte el plan a situaciones lo mas reales posibles
- Desarrolle el ensayo controlado
- Evalúe los resultados
- Haga los ajustes necesarios
- Obtenga la aprobación

BRIGADAS DE EMERGENCIA

Se requiere que las empresas cuenten con una organización interna que permita prever y en su caso atender cualquier contingencia derivada de emergencia, siniestro o desastre.

Tipos de Emergencia

a. Incendio

b. Explosión

c. Terremoto o Sismos

d. Derrame de materiales peligrosos

e.. Huracán

f. Inundación

g. Amenaza de Bomba

h. Fugas

i. Fallas de Energía

Definición de Brigada

Las brigadas son grupos de personas organizadas y capacitadas para emergencias, mismos que serán responsables de combatirlas de manera preventiva o ante eventualidades de un alto riesgo, emergencia, siniestro o desastre, dentro de una empresa, industria o establecimiento y cuya Función está orientada a salvaguardar a las personas, sus bienes y el entorno de los mismos.

Tipos de Brigadas de Emergencia

A) brigada de evacuación
B) brigada de primeros auxilios
C) brigada de prevención y combate de incendio
D) brigada de comunicación

Brigada de Evacuación

Las funciones y actividades de la brigada son:

A) implementar, colocar y mantener en buen estado la señalización del inmueble, lo mismo que los planos guía.

B) contar con un censo actualizado y permanente del personal

C) dar la señal de evacuación de las instalaciones, conforme las instrucciones del coordinador general

D) participar tanto en los ejercicios de desalojo, como en situaciones reales

E) ser guías y retaguardias en ejercicios de desalojo y eventos reales, llevando a los grupos de personas hacia las zonas de menor riesgo y revisando que nadie se quede en su área de competencia

F) determinar los puntos de reunión

G) conducir a las personas durante un alto riego, emergencia, siniestro o desastre hasta un lugar seguro a través de rutas libres de peligro

H) verificar de manera constante y permanente que las rutas de evacuación estén libres de obstáculos

I) en caso de que una situación amerite la evacuación del inmueble y la ruta de evacuación determinada previamente se encuentre obstruida o represente algún peligro, indicar al personal las rutas alternas de evacuación

J) realizar un censo de las personas al llegar al puntos de reunión

K)   coordinar el regreso del personal a las instalaciones en caso de simulacro o en caso de una situación diferente a la normal, cuando ya no exista peligro

L)   coordinar las acciones de repliegue, cuando sea necesario

1. Debe formularse por escrito

2. Deben tener aprobación de la máxima autoridad de la Empresa.

3. Debe ser difundido ampliamente para su condimento general.

4. Debe ser enseñado y verificado   su aprendizaje.

5. Debe ser practicado regularmente a través de "Simulacros".

Elementos que se requieren para elaborar un Plan de Emergencia:

-Datos Generales de la Empresa -Planos de la Empresa -Evaluación y Análisis de Riesgos

-Croquis señalando Rutas de Evacuación, salidas de Emergencia y puntos de reunión

-Croquis señalando la distribución de Equipo Contra Incendio y sus Inspecciones

-Brigadas existentes en la Empresa -Programa de Capacitación a todo el personal -Programa de Simulacros

-Programa y Bitácora de Mantenimiento a Maquinaría y Equipo

- Ubicación de equipo de Primeros Auxilios -Manuales y Procedimientos de actuación por tipo de riesgo

-Sistemas de Alarma (Sistema de Alarma Audible y Visible, Lámparas de Emergencia Detectores de Incendio, Etc.)

-Manuales y Procedimientos para Evacuación y Restablecimiento

-Número de teléfonos para emergencia -Manual de Primeros Auxilios uno de los factores que llega a reducir en gran medida los efectos producidos por un desastre, ya sea natural o humano, es el estar preparado. por este motivo es necesario crear los mecanismos de respuesta al presentarse una emergencia mayor, siniestro o desastre.

PLANEACION DE EMERGENCIAS

OBJETIVOS DEL PLAN DE EMERGENCIAS

a.   Protección de las vidas

b.   Protección de la propiedad

c.   Restauración de las actividades y operación normal

PELIGROS QUE AMENAZAN LAS INSTALACIONES

a.   Fuego

b.   Explosión

c.   Amenaza de bomba

d.   Disputa laboral (Paros)

PUNTOS CLAVE EN UN PLAN DE EMERGENCIAS

a.   Política

b.   Determinación del riesgo frente al peligro involucrado

c.   Estructura de la organización de emergencia

d.   Descripción y detalles relacionados con las instalaciones de emergencia

e.   Listado de equipos y suministros de emergencia

f.   Listado de convenios de asistencia mutua (Grupos de Apoyo)
g.   Procedimientos de término

h.   Procedimientos de evacuación

LIDERAZGO EN EL PLAN DE EMERGENCIAS

El liderazgo y la dirección son elementos prioritarios en la conducción exitosa de un programa de emergencia.

El Director de Seguridad no sólo debiera estar involucrado en la planificación de la emergencia, sino que normalmente, la organización de la misma se constituye en torno a fuerza de seguridad.

CARACTERÍSTICAS DEL DIRECTOR DE EMERGENCIAS

a.   Debe ser un miembro del primer nivel de la Administración

b.   Es responsable por la coordinación con agencias externas o compañías colaboradoras.

c.   Tendrá la autoridad para declarar un estado de emergencia

RESPONSABILIDADES DEL JEFE DE EMERGENCIAS

a.   Clasificar la emergencia y la acción inicial

b.   Activar el equipo de emergencia

c.   Ordenar el cierre

d.   Ordenar la evacuación

e.   Hacer los anuncios de la emergencia

f.   Solicitar la ayuda mutua

g.   Coordinar las acciones de emergencia

RESPONSABILIDADES CLAVES DE LA SEGURIDAD

a.   Control de acceso

b.   Control de tráfico y peatonal

c.   Protección de vidas

d.   Protección de propiedad

e.   Prevención de robo

f.   Control de evacuación

g.   Asistencia de primeros auxilios y rescate

h.   Protección de información vital

i.   Control de áreas peligrosas

j.   Combate de incendios

k.   Establecimiento de las comunicaciones con las agencias externas

IMPLEMENTACIÓN DEL PLAN DE EMERGENCIAS

Cada compañía industrial, sin importar su tamaño, debe establecer una organización interna capaz de proteger la vida y la propiedad durante el tiempo de cualquier emergencia.

El primer paso al establecer una capacidad de emergencia (Reacción) dentro de una instalación, debe ser asignar un coordinador de emergencias en el ámbito corporativo

RESPONSABILIDADES COORDINADOR DE EMERGENCIAS

a.   Crear la organización de emergencia

b.   Desarrollar los planes de emergencia

c.   Tomar las medidas preparativas

d.   Supervisar el reclutamiento y entrenamiento del personal

ELEMENTOS Y ANEXOS DEL PLAN DE EMERGENCIAS

Elementos:

a.   Autoridad
b.   Tipos de emergencia
c.   Plan de ejecución

Anexos:

a.   Planos
b.   Diagramas de procedimientos
c.   Lista de llamados
d.   Listado de recursos locales
e.   Convenios de ayuda mutua
f.   Glosario de términos
g.   Una lista completa de chequeo para el cierre por emergencia y control de desastres.
h.   Planes de entrenamiento del personal para implementar los procedimientos de cierres por emergencia.
i.   Técnicas y el control para minimizar la pérdida de la propiedad durante un desastre

CONSIDERACCIONES ESPECIALES

Los nuevos empleados debieran ser informados de la existencia de un plan de desastre, tan pronto inicien su carrera en la Compañía

"Registros vitales " son aquellos necesarios para la subsistencia del negocio de la empresa.

Los siguientes registros son considerados fundamentalmente necesarios para cualquiera organización corporativa:

a.   Certificado de constitución

b.   Reglamentos

c.   Libro de actas de Accionistas

d.   Libro de actas de Directores

e.   Minutas

f.   Algunos registros financieros corporativos

El plan de protección de registros vitales deberá ser probado al menos una vez al año.

Las pruebas de los programas de registros vitales sirven para verificar que los registros necesarios después de cada desastre son:

a.   Actuales

b.   Suficientemente protegidos contra desastres naturales, detonaciones nucleares y otros peligros

c.   Recuperables según sea necesario en forma utilizable

TIPOS DE EMERGENCIAS

a.   Incendios forestales

b.   Huracanes

c.   Inundaciones
d.   Tornados

e.   Tormentas de invierno

f.   Terremotos

HURACANES E INUNDACIONES

La Agencia responsable de notificar las advertencias cuando aparece un huracán que pueda amenazar el territorio norteamericano es el "National Weather Service" (Servicio Nacional de Metereología)

La planificación de control de inundaciones debiera ser coordinada con el "U.S.Army Corp Of Engineers" (Cuerpo de Ingenieros del Ejército).

TORNADOS

Los tornados son tormentas violentas con vientos que pueden alcanzar entre las 200 y las 400 MPH. El ancho de un tornado fluctúa entre las 200 yardas a 1 milla y viaja entre 5 y 30 millas a lo largo de las superficies a una velocidad de entre 30 y 70 MPH

TERREMOTOS

Durante el movimiento de un terremoto los empleados deber ser advertidos de lo siguiente:

a.   Manténgase en el interior si ya está en el lugar

b.   Cúbrase bajo mobiliario o estructura firme

c.   Manténgase cerca del centro de la edificación

d.   Aléjese de ventanas de vidrios y puertas

e.   No corra a través de edificaciones donde exista un riesgo o peligro de la caída de desperdicios

DESASTRES PROVOCADOS POR EL HOMBRE

a.   Incendio de plantas

b.   Accidentes químicos

c.   Accidentes de transporte

d.   Demostraciones públicas o disturbios callejeros

e.   Amenazas de bomba

f.   Sabotaje

g.   Accidentes radiológicos

h.   Ataques nucleares

i.   Huelgas o disturbios laborales

INCENDIO DE PLANTAS

El aspecto más importante de los planes para paliar los incendios de planta es el desarrollo de los "convenios de ayuda mutua"

La necesidad individual más importante para combatir los incendios de planta no es el recurso humano o los equipos, sino la habilidad para responder rápidamente y confinar el fuego a límites manejables.

ACCIDENTES QUÍMICOS Y DE TRANSPORTE

El Departamento de Transporte de los Estados Unidos es responsable de regular el movimiento de materiales peligrosos.

Todos los químicos peligrosos transportados interestatalmente deben ser apropiadamente etiquetados para su identificación y cuidado.

Sin importar el tipo de accidente de transporte, la primera consideración debe ser la de salvar vidas.

DISTURBIOS CALLEJEROS

Usualmente las emergencias que resultan de demostraciones públicas o disturbios callejeros son aquellas que pueden ser observadas y planificadas en cierto grado a manera de adoptar las medidas de control.

SABOTAJE

Los métodos de sabotaje pueden ser identificados como:

a.   Químicos

b.   Eléctricos o electrónicos

c.   Explosivos

d.   Incendiarios

e.   Mecánicos

f.   Psicológicos

ACCIDENTES RADIOLÓGICOS

Una proporción importante de la energía nuclear en una explosión es emitida en la forma de luz y calor, generalmente referido como radiación térmica

Una detonación nuclear produce un pulso electromagnético (EMP) algunas veces llamado "destello de radio" que puede afectar grandes superficies. Este pulso es fácilmente atraído por material conductivo, dañando cualquier equipo eléctrico o electrónico conectado a dicho material.

ATAQUE NUCLEAR

Las partículas de desintegración de una explosión nuclear emiten principalmente radiaciones Alfa, Beta y Gamma. La radiación Gamma es la de mayor preocupación, puesto que no puede ser detectada por ninguno de los sentidos humanos, es altamente penetrante y dañina para las células vivas.

AMENAZA DE BOMBA

La experiencia muestra que el 95 % de todas las amenazas escritas o telefónicas son falsas. Sólo un 5% de ellas es real, conocido como la regla del 5%.

ACCIONES A SEGUIR POR AMENAZA DE BOMBA

a.   Mantenga la línea libre

b.   Solicite al amenazante indicarles la ubicación de la bomba y el momento o la hora en que esta detonará.

c.   Características peculiares en la voz del amenazante

d.   Registre el tiempo exacto de la conversación

e.   Notifique al Departamento de Seguridad como también a las Agencias respectivas

EVACUACIONES POR AMENAZA DE BOMBA

La decisión de evacuar un edificio frente a una amenaza de bomba debiera ser tomada por un miembro senior de la Administración o por el Gerente de la Planta

Dos factores que juegan un rol principal en la decisión de evacuar son:

a.   Si la bomba sospechosa ha sido efectivamente ubicada

b.   Si hay alguna otra evidencia apremiante que haga pensar en la validez de la amenaza.
CONSIDERACIONES ADICIONALES

a.   El Gerente de Planta debe adoptar la decisión de quién debe efectuar la búsqueda de la bomba.

b.   Si la amenaza ocurre durante horario de oficina, el área deberá ser inspeccionada por los empleados correspondientes a ese sector
    c.   Cuando el objeto sospechoso es identificado no debe ser tocado, excepto por aquellos especialmente capacitados en procedimientos de disposición de bombas

d.   Al encontrar un objeto sospechoso, el área debe ser evacuada dentro de un área mínima de 300 a 400 pies en todas sus direcciones.

PREPARACION CIVIL

Para efectuar una advertencia con respecto a un ataque extranjero, el Estado Federal y los Gobiernos locales mantienen un sistema nacional de advertencia

El Centro de Advertencia Nacional está ubicado en el Comando Norteamericano de Defensa Aérea (NORAD), en Colorado Springs, Colorado

El sistema de irradiación de emergencia "Emergency Broadcast System (EBS) está compuesto por estaciones de radio y televisión gubernamentales y está diseñado para transmitir mensajes presidenciales de emergencia o información y noticias nacionales estatales o locales, información e instrucciones al público en un amplio rango de contingencias de emergencia.

HUELGAS

Una de las decisiones tempranas más importantes a llevar a cabo por la administración es el cierre o la continuidad de las operaciones.

Si el cierre es iniciado, la fuerza de seguridad será requerida para la protección de la propiedad.

Si la planta permanece abierta durante la huelga, los siguientes puntos serán importantes de considerar:

a.   El Sindicato y sus miembros están protegidos por la ley federal

b.   La compañía no puede comprometerse en actividades para romper la huelga.

c.   La Junta Nacional de Relaciones Laborales proporcionará árbitros independientes para observar las actividades en ambos lados.

d.   El oficial de seguridad debe mantener una postura profesional e imparcial durante la huelga

Se debe elaborar programa de Simulacros de Evacuación y llevarlos a cabo.

Simulacros

Un simulacro es la representación y ejecución de respuestas de protección. Realizado por un conjunto de personas ante la presencia de una situación de emergencia ficticia. En él se simulan diferentes escenarios, lo más cercano a la realidad, con el fin de probar y preparar una respuesta eficaz ante posibles situaciones reales de desastre llevarlos a cabo.

Etapas de un Simulacro

1.   Integración del equipo de trabajo

2.   Motivación y sensibilización

3.   Diagnóstico de vulnerabilidad.

4.   Planeación con base en el diagnóstico

5.   Capacitación de brigadas

6.   Organización

7.-   Puesta a prueba del Simulacro

8.-   Evaluación de ejercicio de simulaciones y simulacro

Al diseñar un simulacro, los responsables se deben guiar por los siguientes principios:

1. Debe responder a los propósitos establecidos en el Plan de Emergencia.

2. Debe ser ejecutable por medio de técnicas conocidas, personal entrenado y equipado dentro de un plazo aceptable.

3. No poner en riesgo a la comunidad y los grupos de respuesta que intervienen en él.

4. Realizado en circunstancias lo más cercano a la realidad.

5 Observar el debido control y ejercicio de las variables en el simulacro, a fin de no perturbar las actividades normales de la comunidad circundante.
Procedimiento de Evacuación

Activar el sistema de alarma de Emergencia

Al escuchar el sonido de alarma:

Todo el Personal Deberán evacuar las áreas ocupadas, solicitándoles que en forma ordenada y aprisa (sin correr) abandonen las instalaciones por las salidas de emergencia. En caso de tener equipo eléctrico a su cargo apagarlo, y dirigirse a los puntos de reunión.

Procedimiento de Evacuación

Verificar que ninguna persona haya quedado en el inmueble o instalación excepto personal integrante de brigadas

Conducir a visitantes y proveedores, evacuen las áreas de trabajo hacia las áreas de protección junto con las personas que los están atendiendo.
 Durante el simulacro se tendrá vigilancia para evaluar en cada área el desempeño de las personas (tomar tiempos de respuesta, actitudes de las gentes, acciones a modificar que salieron mal, etc.)

El Coordinador del simulacro Informará que el simulacro tendrá una duración de no más de TRES(3min) que deberá ser mejorada hasta obtener el menor tiempo y que sea segura la evacuación

La Brigada de Evacuación Deberá tener a la mano una lista de chequeo de todo el personal del área a su cargo o asignada a el, y pasar lista de presentes en el punto de reunión.El Coordinador del Simulacro Informará del retorno a las áreas una vez terminado el simulacro.

Cuando se anuncie el retorno a las áreas de trabajo - debe verificar:

- retorno del personal en forma disciplinada
-verificar si existe personal ausente (que no regreso), investigando donde se encuentran.
-El tiempo requerido para la evacuación no debe ser mayor a (3)tres minutos.

-El resultado del simulacro de evacuación debe darse a conocer, con el fin de que el personal conozca cuales son los puntos a mejorar, y como, y quien debe participar en su solución y cuando.

SEGURIDAD INDUSTRIAL

DEFINICIONES Y CONCEPTO

Es el conjunto de normas y procedimientos que toman empresas y entidades públicas y privadas y que tienen por objeto crear un ambiente de seguridad mediante el establecimiento de programas destinados a la reducción de riesgos causantes de incidentes de trabajo, accidentes de trabajo y enfermedades profesionales.

Incidente de trabajo.- Es la presencia de un riesgo latente (en posibilidad de presentarse), o incipiente (que se presentó, pero, sin consecuencias graves) que de no corregirse, se puede convertir en un accidente de trabajo.

Accidente de trabajo.- Es todo suceso repentino que sobrevenga por causa y con ocasión del trabajo y que produzca en el trabajador una lesión orgánica, una perturbación funcional, una invalidez o la muerte. Se produce durante la ejecución de órdenes del empleador o de una labor bajo su autoridad, aún fuera del lugar y horas de trabajo.

También el producido cuando el trabajador se traslade desde su residencia al lugar de trabajo y viceversa y el transporte lo suministre el empleador.

Enfermedad profesional.- Es todo estado patológico permanente o temporal que sobrevenga como consecuencia obligada y directa de la clase de trabajo que desempeña el trabajador o del medio en que se ha visto obligado a trabajar y que haya sido determinada como enfermedad profesional por el Gobierno Nacional.

Condiciones Inseguras.- Son fallas de seguridad presentes en el ambiente, en los equipos o en las herramientas y que ponen en peligro la integridad física y/o mental de los empleados.

Actos Inseguros.- Son actuaciones imprudentes o culposas del trabajador, generalmente debido a distracciones sicológicas que ponen en peligro su integridad física y/o mental.

FACTORES QUE INTERVIENEN EN LA SEGURIDAD INDUSTRIAL

1. El tipo de programa de seguridad
2. Las Leyes Laborales
3. La Tecnología Administrativa

1.   El tipo de programa de seguridad.

En las empresas pueden observarse dos maneras de realizar los programas de seguridad, cada una de las cuales en teoría tiene un método diferente de enfocar la seguridad industrial, aunque en la práctica se fusionan. Ellas son:

a. Enfoque centrado en el trabajo y en el lugar del trabajo
b. Enfoque centrado en el trabajador.

Los supervisores encargados de la seguridad industrial, deberán analizar cual enfoque se adapta más a las necesidades de la empresa, para lo cual deben tener una concepción clara de ambos.

El enfoque centrado en el trabajo.- Consiste en eliminar los riesgos físicos en el ambiente y en el lugar, procurando corregir deficiencias al buscar mejoras técnicas en las máquinas (lugar) y en las instalaciones (ambiente).

Quienes siguen este enfoque tienen en cuenta lo siguiente:

❖ conceden mucha importancia al diseño del sitio de trabajo y a la racionalización de las tareas
❖ Vigilan constantemente las actividades de seguridad

❖ Imponen procedimientos de estricto cumplimiento
❖ Tienen permanente comunicación de tipo formal (de arriba hacia abajo) con los operarios
❖ Se entrenan constantemente en el reconocimiento de riesgos y se los hacen ver a los colaboradores con la mayor claridad
❖ Los accidentes se deben a la existencia de condiciones inseguras

El enfoque centrado en el trabajador.- Se basa en la eliminación de riesgos psicológicos y resaltan el manejo del comportamiento humano descomponiéndolo en sus diferentes componentes para llegar a medidas correctivas lógicas. Quienes manejan este enfoque consideran que:

➢ Las causas básicas de los problemas de seguridad son las personas al tener actitudes negativas o necesidades insatisfechas, que lo llevan a cometer actos inseguros.
➢ Las personas deben participar democráticamente en los esfuerzos de la seguridad.
➢ La comunicación debe ser informal (de abajo hacia arriba) y tener en cuenta los deseos de los trabajadores, ya que los comportamientos seguros se logran por consenso.
➢ Un empleado debidamente motivado cumple las normas de seguridad.

Factores comunes a los dos enfoques

➢ Los dos se aproximan en forma lógica y organizada a la solución del problema: Reducir los accidentes
➢ Ambos se interesan en el resultado final que es crear seguridad en la empresa, mediante el mejoramiento del desempeño de los trabajadores.
➢ Los dos se complementan y el supervisor es quien debe balancear su uso.

2. Las Leyes Laborales

❏ Las primeras leyes colombianas trataron sobre el mejoramiento de las condiciones del lugar y el ambiente de trabajo, así como de la protección al menor.
❏ Más tarde estableció la indemnización a los trabajadores en caso de heridas que se hubieran podido prevenir.
❏ Establecieron que las máquinas y herramientas que use el trabajador deben estar en perfectas condiciones de trabajo y brindar comodidad al trabajador.
❏ El Código Sustantivo del Trabajo y sus decretos reglamentarios establece que las empresas deben tener un Reglamento de Higiene y Seguridad Industrial, para asegurar al trabajador un sitio de trabajo seguro, saludable y agradable.

3. La Tecnología Administrativa

La técnica administrativa actual concede un alto grado de importancia al material humano. Para la representación del trabajador ante la empresa, se han creado los sindicatos y se le exige a los directivos de personal de las entidades la implantación de programas de bienestar y atención al trabajador y por eso se encuentra en el presente:

♦ Oposición del sindicato al establecimiento de medidas de seguridad
♦ La clasificación de la seguridad, persiguiendo un objetivo común con esfuerzos integrados de protección en los diferentes campos.
♦ Principios éticos entendidos como el valor que se da al trabajo y que hace que el trabajador para que cumpla las normas de seguridad, debe considerar su actividad laboral como:

- Interesante
- Parte de un equipo que le ayuda a realizar tareas y actividades
- Una fuente de información que lo capacite
- El ejercicio de su autoridad
- Una fuente de buenos ingresos
- Una oportunidad para el desarrollo de sus capacidades
- Una posición estable y segura
- El fruto de sus esfuerzos
- " un tener derecho a………."

Estos cambios administrativos (también son sociales), hacen que la orientación de los programas de seguridad sea redefinida, teniendo en cuenta que donde quiera que haya participación de personas, se crea la necesidad del mejoramiento de las Relaciones Humanas, lo que impone que quienes dirigen y controlan la seguridad habrán de ser más persuasivos en su comunicación con los demás y tendrán que perfeccionarse en el arte de:

➢ Convencer sin recurrir a la autoridad
➢ Dar explicaciones más amplias sobre por qué algún procedimiento es necesario
➢ Gratificar el personal colaborador por un buen desempeño y asociar las prácticas de seguridad industrial con lo que el empleado necesita a nivel institucional y a nivel personal.
➢ Permitir a los colaboradores que participen en la toma de decisiones sobre seguridad, para lograr un rendimiento satisfactorio.
➢ Comunicarse con los empleados logrando eficiencia (buena administración del recurso), y eficacia (cumplimiento de objetivos).

FUNCIONES DE LOS SUPERVISORES DE SEGURIDAD INDUSTRIAL

Los supervisores junto con el Jefe del Departamento de Seguridad y la Alta Gerencia, son las personas que más influyen en el programa de seguridad. El supervisor de seguridad industrial es el responsable de la seguridad de sus colaboradores y por lo tanto ejerce un control mucho más directo sobre sus acciones. El Departamento de Seguridad suministra la técnica y la asistencia profesional, pero el supervisor es el impulsor de la seguridad y por ello, debe cumplir las siguientes funciones generales:

1) Salvaguardar la seguridad de los empleados
2) Velar por la seguridad de funcionamiento del equipo de las plantas de producción y su protección
3) Suministrar el equipo de seguridad necesario como mascarillas, protección auditiva, guantes, botas de seguridad, petos, mangas, uniformes, cascos y verificar que este sea utilizado
4) Atender los procedimientos de orden y aseo
5) Suministrar y verificar la herramienta
6) Conocer las limitaciones físicas y médicas de los empleados
7) Suministrar entrenamiento en el trabajo
8) Colaborar al Jefe de Seguridad en la elaboración y actualización del Panorama de Riesgos Industriales (equivalente al Estudio de Seguridad Física en protección de planta y al Estudio de Seguridad Personal en protección de Personas).
9) Realizar las investigaciones necesarias sobre accidentes menores que ocurran en su departamento.
10) Solicitar recompensas positivas al personal que se distingue en el cumplimiento de las normas de seguridad.
11) Conocer los peligros del medio del trabajo y proteger a los empleados contra el riesgo.
12) Solicitar conceptos técnicos sobre factores de riesgo como ruido, ventilación, vapores, contaminaciones, tratamiento de residuos industriales, etc.

13) Inducir al personal nuevo, antes de colocarlo en su puesto de trabajo.
14) Mantener en el personal el interés por las medidas de seguridad
15) Disponer avisos de prevención y señalización de rutas de evacuación y áreas de reunión.
16) Coordinar con los supervisores de salud ocupacional, seguridad física y protección de personas cuando lo considere necesario.

II.   LA FUNCION DE CONTROL

El control es la función administrativa que consiste en comprobar si los trabajadores están siguiendo los objetivos y las políticas de seguridad. Es decir que un supervisor debe establecer a través de esta función, la diferencia entre lo que debería hacerse y lo que realmente están haciendo los colaboradores en relación con las normas de seguridad industrial. Estas diferencias entre lo planeado y los resultados reales deben analizarse rápidamente para que no haya tiempo muerto en la aplicación de la medida correctiva. Esto implica que los supervisores de seguridad industrial deben hacer una evaluación mínima diaria, para obtener un conocimiento adecuado de la situación.

Procedimiento para la función de control al lugar y ambiente de trabajo

* Hacer inspecciones y reunir hechos y motivos
* Identificar causas
* Explorar cursos de acción alternativos
* Desarrollar métodos correctivos

Al pasar revista de un lugar de trabajo se debe tener en cuenta:

* Accidentes que han ocurrido con anterioridad
* Establecer la clase de riesgos en ese ambiente

- Cómo se han evitado los mismos riesgos en otras empresas
- Eficiencia en el desempeño de los trabajadores

III.   INVESTIGACION Y ANALISIS DE ACCIDENTES

Los accidentes de trabajo son la consecuencia final de muchos errores tanto de parte de los directivos y supervisores, como de los empleados.   Una de las cosas más importantes de ellos, son las enseñanzas que dejan para aislar áreas problemáticas y tomar pistas para una acción correctiva.

Procedimientos de la Investigación

Se deben seguir los siguientes pasos:

A.   Informe del incidente o del accidente
B.   Análisis de circunstancias aún cuando no sea importante:

1.   Llenar el formulario – Resolución No. 4059 de 1995 Mintrabajo
2.   Establecer los hechos en forma verdadera haciendo una reconstrucción de ellos en los "momentos de seguridad": ANTES - EN - DESPUES.
3.   Oír la versión de los testigos y plasmarla
4.   Oír el concepto de otros operarios que han trabajado en el lugar
5.   Usar medios tecnológicos como grabadoras, cámaras fotográficas o de video si las circunstancias lo ameritan
6.   Hacer un análisis de lo recolectado buscando causas primarias y secundarias del accidente, del daño o del hurto, sin establecer culpas
7.   Definir como último paso de la investigación, si las causas se deben a:

a)   Una condición insegura
b)   Un acto inseguro (imprudencia)

Las causas primarias están constituidas por las condiciones inseguras y los actos imprudentes.

Ejemplos de condiciones inseguras:

(¿Había algo malo en las condiciones del sector de la planta que contribuyó a que el hecho se produjera?)

1. Mantenimiento inadecuado
2. Diseño y construcción inadecuados (ruido, mala iluminación, difícil operación de los controles de la máquina)
3. Entrenamiento y dirección ineficaces
4. Equipos defectuosos

Ejemplo de actos imprudentes

(¿Es posible que el empleado no estuviera trabajando o reaccionando con precaución?)

1. Uso de procedimientos impropios o un desempeño poco cuidadoso (por ejemplo: esfuerzos inadecuados para levantar o cargar algo)
2. Bromas
3. No llevar correctamente el equipo de protección personal
4. Desobediencia a las instrucciones o no informar al supervisor las novedades diarias
5. No hacer caso de las advertencias
6. Distracción y descuido del empleado en su tarea
7. Embriaguez y/o drogadicción

Las causas secundarias están constituidas por factores circunstanciales que afectan a los empleados.

Ejemplo de causas secundarias

1. Factores físicos ambientales
- Temperatura
- Luz
- Duración de la jornada de trabajo
- Ventilación
- Ruidos
- Aseo y presentación
- Oportunidad de recreación
- Procedimientos de trabajo bien diseñados

2. Factores físicos de los empleados
- Edad
- Antigüedad en el trabajo o experiencia
- Matrimonio
- Padecimiento de enfermedades especialmente hipertensión o hipotensión
- Fatiga
- Visión defectuosa
- Audición defectuosa

3. Factores psicológicos del empleado

- Desajustes de personalidad :perturbación emocional, preocupación, recelo, depresión
- Poco poder de concentración
- Actitudes negativas hacia el trabajo
- Hostilidad y desprecio hacia los valores sociales
- Inmadurez emocional (enfurecimiento por cosas sin importancia)
- Personas con necesidad de cariño y atención

4. Factores sicológicos ambientales

- Tasas bajas de movilidad dentro de la compañía
- Bajas posibilidades de promoción
- Desacuerdo con empleados más productivos

- Salarios embargados
- Poca participación en las decisiones sobre seguridad
- Falta de conciencia de seguridad
- Falta de participación de la alta dirección en la instrucción a los empleados

INSPECCION PARA EL RECONOCIMIENTO DE RIESGOS GENERALES

Es otra medida tradicional de control que usan los supervisores y los analistas de seguridad y que en su argot se denomina "pasar revista" o "echar un vistazo" y que debe hacerse de modo periódico a la planta. Su propósito es identificar condiciones o actos potencialmente peligrosos. El procedimiento que se debe seguir es el siguiente:

A. Solicitar información de novedades ocurridas y sugerencias pendientes a los empleados y operarios
B. Llenar una lista de verificación general
C. Establecer si hay situaciones especialmente riesgosas

Ejemplo de una lista de verificación

1. ¿Hay un hospital, clínica o enfermería para prestar atención médica en la zona?
2. Si no hay instalaciones médicas o de primeros auxilios en la vecindad, ¿tiene uno o varios empleados capacitados en primeros auxilios?
3. ¿Son adecuados para su lugar de trabajo los artículos de primeros auxilios?
4. ¿La ventilación de lugar es la adecuada para el ambiente de trabajo y la labor?
5. ¿La iluminación del lugar es la adecuada para el ambiente de trabajo y la labor?

6. ¿Hay buenas instalaciones de agua en los lugares donde los empleados están expuestos a materiales corrosivos?

7. ¿Hay un baño por cada quince personas y están separados los de las damas con los de los caballeros?

8. ¿Hay cascos y se usan donde haya cualquier peligro de que caigan objetos?

9. ¿Hay gafas protectoras y se usan donde existan riesgos de partículas que salten o de materiales corrosivos que amenacen la salud de los empleados?

10. ¿Hay guantes de protección, delantales o petos, botas de seguridad, mangas, ligas para recoger la manga del pantalón, cofias, gorros, escudos, mascarillas u otros medios previstos contra cortaduras, líquidos y químicos corrosivos, corrientes eléctricas, resbaladas, inhalación de vapores o de polvos?

11. ¿Hay un sitio especial para colocar las ropas impregnadas de aceite para evitar que estas generen un incendio?

12. Hay máscaras de oxigeno apropiadas para uso en caso de emergencias?

13. Se mantiene a todo el equipo de protección en buenas condiciones de alistamiento?

14. La Brigada para Atención de Emergencias está siendo entrenada y actualizada en técnicas de rescate, salvamento y extinción de incendios?

15. ¿Existen equipos de protección para quienes trabajan con electricidad?

16. ¿En caso de que la alimentación se tome en las instalaciones, ¿se hace en zonas donde no hay exposición a materiales tóxicos o en las áreas de instalaciones sanitarias?

17. ¿Se ha previsto protección contra los efectos del ruido durante el trabajo cuando la frecuencia del sonido excede los niveles de 90 decibeles, durante ocho horas?

18. ¿Los extintores y gabinetes para control de incendios tienen su carga actualizada, están en buenas condiciones, su lugar está despejado y demarcado? ¿Se colocaron los extintores de acuerdo a la clase de fuego que se pueda presentar?

19. ¿La maquinaria tiene demarcada en el piso en franja de color amarillo y a veinte centímetros del borde exterior el área de prevención de riesgo?
20. ¿Las salidas de evacuación están señalizadas y despejadas y tienen una anchura mínima de 90 centímetros?

INSPECCION PARA VERIFICACION DE RIESGOS ESPECIFICOS

A.- Riesgos con grúas y montacargas

Asegúrese de los siguientes aspectos

- No exceder el límite de peso de la carga
- Engranajes mecánicos de la grúa con guardas
- Entrenamiento del operario
- Levantar la carga siempre en sentido vertical
- Evitar la presencia de personas curiosas cuando se está cargando o descargando
- Con la grúas grandes asegurarse de que el material que se descarga quede a tres metros de la grúa, con el fin de asegurar un área de caída libre
- Coordinaciones entre el operario y los coteros o cargadores
- Entrenamiento de los enganchadores de la carga
- Examen con rayos X cada cinco años de los ganchos de la grúa para determinar debilidades internas
- Inspección de los cerrojos anti- resbalamiento
- Revisión de cables y eslabones de la cadena para detectar torceduras, dobladuras, desgaste o deterioro.

B.- Riesgos con equipos eléctricos

Asegúrese de:

- ➢ Evitar rozamiento de cables descubiertos
- ➢ Reemplazar los cables deteriorados
- ➢ Evitar extensiones alámbricas temporales a través del piso
- ➢ Aislar cables descubiertos
- ➢ Conectar a tierra el equipo eléctrico
- ➢ Alejar al personal de equipos eléctricos
- ➢ Que no se porten joyas u objetos metálicos cuando se está trabajando con corriente eléctrica
- ➢ Verificar que los fusibles, cortacircuitos e interruptores sean utilizados correctamente
- ➢ Verificar que no haya combustibles cerca de donde se trabaja con equipos eléctricos
- ➢ Que el personal use herramientas con mango de aislamiento
- ➢ Que el personal use botas aislantes

C.- Riesgos con líquidos inflamables

Asegúrese de:

- ❖ Se reemplacen líquidos inflamables por no inflamables cuando sea posible
- ❖ Eliminar o controlar fuentes potenciales de producción de chispas o llama donde se usan o almacenan líquidos inflamables, mediante las siguientes medidas:
1. Control de fuentes de ignición como materiales humeantes, llamas o soldaduras cerca
2. Mantener los líquidos inflamables lejos de las superficies calientes
3. Ubicar las fuentes eléctricas lejos de estos líquidos
4. Reducir la electricidad estática, (a veces esta aumenta cuando se transporta un líquido inflamable a través de una tubería o cuando

se cambia de un recipiente a otro); introducir humedad y conectar a tierra para ayudar a disminuir la carga.

5. Ventilar los vapores para reducir la presión
6. Utilizar medidas de protección contra incendio(extintores, alarmas, rociadores o splinkers mangueras, salidas de emergencia, aislamiento de los líquidos inflamables, aparatos a prueba de explosiones)
7. Enseñar al personal métodos para el manejo de material.
8. Colocar avisos de NO FUMAR
9. Los muros y las puertas sean a prueba de fuego

D.- Riesgos con materiales y productos químicos peligrosos

Asegúrese de:

* Un buen aseo en el área donde están colocadas las sustancias químicas
* Encerrar y aislar las sustancias químicas y colocar avisos de área restringida
* Evitar que las personas tengan contacto directo con las sustancias, para lo cual deben usar guantes y ropas apropiadas
* El personal debe utilizar las protecciones adecuadas como petos, mangas, gafas, mascarillas, cofias, gorros, etc.
* Desarrollar medidas de emergencias en caso de presentarse reacciones de sensibilidad del empleado con los productos
* Cuidarse de la inhalación de los vapores, gases, vaho, humo o polvos que producen estos productos
* Prohibir fumar cuando se manipulen
* Exigir el baño del cuerpo cuando la labor se haya terminado
* Exigir el cambio de las ropas utilizadas
* No ingerir bebidas ni alimentos, hasta no haberse bañado y cambiado la ropa, pues residuos de las sustancias se pueden mezclar con los alimentos e intoxicar al empleado
* No tener cafeterías ni restaurantes cerca de estas áreas

restringidas
* Deseche los recipientes vacíos, las bolsas y envolturas donde estaban las sustancias

E.- Riesgos con escaleras de mano

Asegúrese de:

♦ Mantener paralelos los peldaños o travesaños de la escalera y a iguales distancias unos de otros; normalmente 30 centímetros.
♦ Cuando la escalera sea fija, después de los seis (6) metros de altura, hay que instalarles jaula
♦ Las escaleras fijas deberán tener una plataforma de descanso cada 10 metros
♦ Las escaleras portátiles deberán emplearse únicamente en superficies estables y al mismo nivel del lugar de trabajo
♦ Quienes utilicen la escalera no han de detenerse en el último travesaño, lo que quiere decir que la escalera debe sobrepasar un metro la parte alta a donde se llega
♦ Las escaleras de mano deben ser revisadas periódicamente para detectar sus defectos
♦ Las fallas de las escaleras no se deben cubrir con pinturas
♦ Un operario debe sujetar la escalara por la parte de abajo mientras el otro sube agarrándose con las dos manos a los travesaños

F.- Riesgos al trasladar a pulso materiales pesado

Asegúrese de que:

❑ El empleado levante apropiadamente la carga (sin inclinar la espalda, flectando las piernas y levantándose verticalmente)
❑ Una sola persona no debe levantar más de 40 kilos
❑ Al mover materiales estos deben colocarse encarrándolos, de tal

forma que se sostengan entre ellos mismos

❑ El personal utilice los equipos de protección personal como guantes, botas con puntera acerada, casco, gafas, etc.

❑ Inspeccione los lazos, cuerdas y sogas para verificar podredumbre o corrosión

❑ Demarcar claramente los pasadizos con una distancia de 90 centímetros y alas (distancia entre el pasadizo y la carga) mínima de 20 centímetros.

G.- Riesgos con montacargas de horquilla

Asegúrese de:

♦ Conocer el ángulo de volcamiento del vehículo
♦ Operar solamente equipos bien mantenidos
♦ Verificar que el operador conozca y use los procedimientos adecuados de operación
♦ Eliminar los "puntos ciegos" en los recorridos del equipo
♦ Apagar el motor y dejar el vehículo bien frenado cuando está detenido
♦ Entrenar a los operadores en métodos seguros para el manejo del equipo
♦ Usar guardas elevadas (techo) cuando hay riesgos aéreos
♦ Usar reguladores para controlar la velocidad del equipo
♦ Usar solamente equipos aprobados para el ambiente en el que se trabaja
♦ No sobrecargar el montacargas
♦ Bajar los planos inclinados con la carga hacia arriba
♦ No admitir pasajeros en el montacargas. Debe ir sólo el operador
♦ Cuando el montacargas se utilice dentro de instalaciones cerradas como almacenes, no debe producir acumulación de monóxido de carbono que pueda inhalarse; para este caso deben usarse montacargas operados con batería

H.- Riesgos con equipos mecánicos

Asegúrese de:

- Colocar guardas (protectores de lámina o de rejilla metálica) a todas las piezas móviles y puntos de operación (lugar donde se sitúa el operario) incluyendo rodamientos, volantes, engranajes, ejes, poleas, orugas, bandas de tracción y cadenas, para evitar que los empleados por sus miembros o sus ropas sueltas, puedan ser atrapados, golpeados o estrellados.
- Anclar las máquinas al suelo
- Colocar los controles de operación de forma que puedan ser accesibles y fácilmente identificados
- Apagar las máquinas cuando no estén funcionando
- Rodear el área de la máquina a 20 centímetros de su borde, con una franja de color amarillo de 15 centímetros de ancha para indicar la restricción al acercarse a ella.
- Cuando la máquina presenta mucho riesgo se deben establecer las siguientes defensas:

1. Defensas Fijas.- Barreras de metal o de lazo que impiden el acceso
2. Defensas de Interbloqueo.- Son palancas o botones que permiten que la máquina trabaje si tiene las guardas puestas, cuando las guardas se retiran, la máquina queda bloqueada
3. Barrera Móvil.- Limitar el desplazamiento de las partes de la máquina que pueden producir lesiones, especilamente en los puntos de operación

- Recuerde que en un área de máquinas el color verde indica seguridad
- Recuerde que en un área de máquinas el color amarillo indica peligro

I.- Riesgos con los andamios

Asegúrese de:

- Que el andamio quedó bien armado y reforzado
- Los refuerzos externos deben colocarse en cada nivel
- Los refuerzos internos deben colocarse cada tercer nivel
- Mantener bien unidos los tablones del piso del andamio, de manera que no caiga nada a través de ellos
- Los extremos de los tablones no deben sobresalir del soporte externo del andamio más de 45 centímetros
- Asegúrese que el nivel más alto del andamio, donde trabajan los empleados, tenga barandilla protectora arriba y en el centro, así como un estribo.
- Establézcase la regla de que quienes trabajan cerca o debajo del andamio se pongan casco.
- Manténgase en la plataforma la menor cantidad posible de herramientas.
- Colóquese el andamio sobre una base firme y asegúrese de que quede bien asentado en ella.
- El sistema para subir debe quedar interno al andamio
- Utilícense escaleras de mano o escalas de guaya y trinquete para subir al andamio
- De que no se dejen herramientas colgando o en peligro de caer
- En la base del andamio establezca una zona de seguridad aislada por lo menos de tres metros.

J.- Riesgos en las cabinas de pintura con pistola o por pulverización

Asegúrese de:

- Mantener lisas las superficies dentro de las cabinas para evitar acumulación de pinturas
- Mantener solamente el suministro diario de pintura en el área

para aminorar los riesgos de incendio

- Trasladar los líquidos a ras de tierra
- Mantener una ventilación adecuada para que no se forme una cantidad excesiva de vapor
- Eliminar las fuentes de ignición (chispas, llamas, ignición espontánea, corte metálico, soldadura) alrededor de la zona
- Depositar en el piso todos los elementos dentro del área de pintura
- Utilizar en el área lámparas a prueba de explosión para reducir el riesgo de incendio
- Tener una red de extintores en el entorno de la cabina
- Establecer un sistema de aseo para retirar los materiales que puedan provocar incendios

K.- Riesgos en las operaciones de corte, soldadura eléctrica y de latón

Asegúrese de:

- ❏ Realizar el proceso en un lugar permanente para mantener el área más fácilmente bajo control
- ❏ No permitir el exceso de combustibles y reducir la exposición al fuego
- ❏ Limpiar el interior de los recipientes antes de soldarlos, para prevenir las explosiones
- ❏ Disponer de ventilación adecuada para evitar que los operarios inhalen gas
- ❏ Expulsar del recinto el gas de los soldadores que estén trabajando
- ❏ Exigir que los soldadores empleen la ropa de protección (gafas, polainas, calzado de seguridad y delantales o petos)
- ❏ Proteger y examinar las válvulas de los equipos existentes de soldadura y corte, así como sus caperuzas, al recibirlos y al entregarlos.
- ❏ Almacenar los cilindros en un área seca y protegida y encadenados para evitar que en caso de accidentes se conviertan

en proyectiles sin rumbo

❑ Inspeccionar los cilindros en busca de escapes y no usar los defectuosos

❑ Mantener separados el oxígeno y el acetileno y alejarlos de la grasa para evitar explosiones

❑ El uso de robots para soldadura, aumenta la productividad y reduce el riesgo para las personas

L.- Riesgos en las zanjas, peñas o taludes

Asegúrese de:

❖ Saber siempre donde están colocadas las líneas de servicio y desconectar la corriente eléctrica en el área

❖ Conservar alejados de las zanjas los equipos móviles como vehículos, grúas, montacargas y equipos de soldadura

❖ Mantener un "ángulo adecuado de reposo" (o talud). Cuando mayor sea la posibilidad de deslizamientos o inestabilidad del terreno, mayor deberá ser el "ängulo adecuado de reposo".

❖ Usar canales de desviación para drenar el agua

❖ Cercar las zanjas cuando estas tengan una profundidad mayor de 1 metro con 25 centímetros

❖ Revestir con planchas las paredes de la zanja para evitar que caiga tierra sobre los trabajadores o que se produzcan deslizamientos peligrosos.

❖ Proveer los medios adecuados (procedimientos de escape como escaleras o cuerdas salvavidas) para salir rápidamente de la zanja en caso de emergencia.

❖ Verificar la existencia de cables y tuberías subterráneas que puedan causar problemas si las zanjas se están construyendo en un lugar donde había una construcción.

Ll.- Riesgos en rampas, tarimas y otras superficies para tránsito o trabajo

Asegúrese de:

➢ Un buen sistema de aseo que no permita la acumulación de material, deshechos o basura sobre el piso, lo que reduce el riesgo de tropiezos o rebalones
➢ Mantener los pisos secos y en buena condición
➢ Un peso adecuado sobre los pisos que evite el riesgo de derrumbes
➢ Las barandas y cubiertas de protección alrededor de los espacios abiertos en los niveles altos, reducen la posibilidad de caída a los niveles inferiores.
➢ Cuando algún pasaje es utilizado muy frecuentemente, conviene instalar escaleras fijas para evitar caídas
➢ Es beneficioso el uso de barandas y vías de salida libres.
➢ El personal debe usar botas antideslizantes

M.- Riesgos con el ruido

Asegúrese de:

• Cumplimiento del límite de ruido permitido (90 decibeles por 8 horas de trabajo)
• Un buen programa de mantenimiento, ya que las piezas gastadas hacen más ruido
• Reemplazar, cuando sea posible los equipos ruidosos por otros más silenciosos
• Disminuir el ruido por medio de una reducción de las vibraciones
• Control administrativo de los riesgos (como mantener al personal alejado de las áreas ruidosas, poner paredes dobles con cámara de aire, rodear el lugar con aisladores de ruido como icopor, usar pinturas absorbentes de ruido, etc.)

- Cuando lo anterior no sea posible, asegurarse de que el personal use el equipo de protección auditiva doble o sencillo, según sea necesario
- En áreas de ruido asegúrese de que sus comunicaciones verbales hayan sido captadas

N.- Riesgos con la temperatura

Asegúrese de:

- Suministrar tabletas de sal en climas cálidos y tener fuentes de agua permanente y aparatos de acondicionamiento de temperatura
- Lograr que los empleados se acostumbren gradualmente al ambiente
- En climas fríos, utilizar el equipo de protección personal que aísle el clima

METODO RESUMIDO PARA EVITAR RIESGOS EN GENERAL

El personal de seguridad deberá enfrentarse a cada riesgo con una estrategia particular. La eliminación de los riesgos tiene prioridad e incluye modificar o cambiar las piezas, los materiales, o los sistemas peligrosos. Por ejemplo, reemplaza un material inflamable por otro no inflamable o un voltaje alto por uno bajo. La disminución del riesgo es necesaria cuando este no puede ser eliminado. Todo lo anterior supone técnicas suplementarias; por ejemplo el aislamiento o la adaptación de amortiguadores de caucho para reducir el ruido de las máquinas. Los controles administrativos se emplean cuando los otros sistemas no son suficientes para manejar la exposición al peligro. Esto supone reglas y procedimientos, como el intercambio de empleados dentro y fuera de las áreas de alto riesgo. Finalmente si con estos métodos no se logra controlar el riesgo, se necesitarán equipos de protección personal tales como guantes, gafas, caretas, máscaras, cascos y calzado con punteras de acero y antideslizantes. Esta es la solución menos satisfactoria ya que depende de la colaboración de empleado.

SOLO LA INSPECCION PERMANENTE, LA OBSERVACION DETENIDA Y EL ATENDER LAS SUGERENCIA DE LOS OPERARIOS DE LAS AREAS Y DE LAS MAQUINAS Y EQUIPOS EN BUSCA DE ACTOS INSEGUROS Y DE CONDICIONES INSEGURAS, CON EL FIN DE BUSCAR TACTICAS Y ESTRATEGIAS QUE MINIMICEN LOS RIESGOS HARAN DE USTED UNA PERSONA CAPACITADA EN LA SUPERVISION DE LA SEGUIRDAD INDUSTRIAL.

SEGURIDAD INDUSTRIAL

CÓDIGO DE COLORES

En todos los establecimientos de trabajo en donde se lleven a cabo operaciones y/o procesos que integren aparatos, máquinas, equipos, ductos, tuberías, etc. y demás instalaciones locativas necesarias para su funcionamiento se utilizarán los colores básicos recomendados por la American Standards Association (A.S.A.) y otros colores específicos, para identificar los elementos, materiales, etc. y demás elementos específicos que determinen y/o prevengan riesgos que puedan causar accidentes o enfermedades profesionales.

Las tuberías o conductos que transportan fluidos (líquidos y gaseosos), sustancias sólidas, se pintarán con colores adecuados, y de acuerdo a la   norma establecida por la American Standards Association (A.S.A), teniendo en cuenta la siguiente clasificación.

El color naranja se empleará para pintar tuberías sin aislar que conduzcan vapor a cualquier temperatura; tuberías que conduzcan ACPM, Fuel-Oil, gasolina petróleo y combustibles en general; tuberías de escape de gases de combustión; cilindros y tuberías de acetileno; tubería que conduzca gas carbónico.

El color verde se empleará en tuberías y ductos para materiales granulados, etc. seguros, y para las mangueras de oxígeno de los equipos de soldadura oxiacetilénica.

El color gris se empleará para pintar tuberías de agua fría; tuberías de agua caliente, con franjas de color naranja de dos pulgadas de ancho, espaciadas un metro entre sí; ductos y partes varias de sistemas de ventilación y extracción de gases, humos, neblinas, etc.

El color azul se empleará para pintar tuberías de aceite y sistemas de lubricación; tuberías de oxígeno y cilindros de oxígeno; conductos y bajantes de aguas lluvias; tubería que conduzca agua de pozos profundos.

El color amarillo se empleará para pintar tuberías de aire comprimido; tuberías que conduzcan amoníaco; tuberías que conduzcan soluciones alcalinas o soluciones ácidas. Estas tuberías tendrán distintivos para identificar los fluidos.

El color café se empleará para pintar tuberías del condensado del vapor.

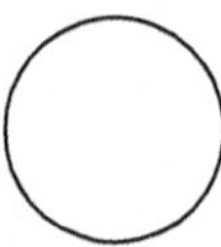

El color blanco se empleará para pintar tuberías que conduzcan refrigerantes y partes varias de los sistemas de refrigeración; tuberías de vacío y partes varias del sistema de vacío.

Los sistemas de tuberías se identificarán con letreros que den el nombre de contenido, completo o abreviado. Se utilizarán flechas para indicar el flujo del contenido de la tubería.

En todos los establecimientos de trabajo en donde se lleven a cabo operaciones y/o procesos que integren aparatos, máquinas, equipos, ductos, tuberías, etc. y demás instalaciones locativas necesarias para su funcionamiento se utilizarán los colores básicos recomendados por la American Standards   Association   (A.S.A.) y otros colores específicos, para identificar los elementos específicos que determinen y/o prevengan riesgos que puedan causar accidentes o enfermedades profesionales.

Los colores básicos que se emplearán para señalar indicar los diferentes materiales, elementos, máquinas, equipos, etc. son los siguientes de acuerdo a su clasificación.

1. EL COLOR ROJO SE EMPLEARÁ PARA SEÑALAR:

a) Elementos y equipos de protección contra el fuego, tales como extinguidor, hidrates y tuberías de alimentación de los mismos, cajas para mangueras, baldes y recipientes que contengan arena y agua, alarma y cajas accionadas de las mismas; puertas y escaleras de escape.

b) Recipientes comunes y de seguridad para almacenar toda clase de líquidos inflamables, con indicación de su contenido.

c) Barras o dispositivos que accionan mecanismos de parada en máquinas peligrosas; y botones de parada en controles eléctricos.

d) Recipientes para lavado y desengrase de piezas.

e) Tránsito en zonas escolares y sus alrededores.

2. EL COLOR NARANJA SE EMPLEARÁ PARA SEÑALAR:

a) Partes peligrosas de maquinaria y/o equipos cuyas operaciones mecánicas puedan triturar, cortar, golpear, prensar, etc. o cuya acción mecánica pueda causar lesión; contorno de las cajas individuales de control de maquinaria; interior de cajas y controles eléctricos; interior de guardas y protecciones.

b) Borde únicamente de partes expuestas de piñones, engranajes, poleas, rodillos, etc. y mecanismos de corte, etc.

c) Franjas convencionales en la parte trasera de vehículos para transporte de personal escolar.

3. EL COLOR AMARILLO SE EMPLEARÁ PARA SEÑALAR:

a) Zonas peligrosas con color de fondo en avisos que indiquen precaución.

b) Equipos de construcción como bulldozers, tractores, etc., esquinas de lugares de almacenamiento; bordes expuestos y sin guardas, de plataformas, aberturas en el piso y muros; aditamentos suspendidos del techo o de los muros, que sobresalgan del espacio normal de operación; pasamanos, barandas y partes superior e inferior de escaleras fijas peligrosas; bloques de poleas y diferenciales, proyecciones, puertas bajas, vigas, tuberías que cruzan a bajo nivel en los sitios de trabajo; armazones bajos o puertas de elevadores; grúas de taller y equipo utilizado para transporte y movilización de materiales como mulas (montacargas), remolques, carretillas de todo tipo, transportadores de todo tipo, etc.; pilares, postes o columnas que puedan ser golpeados ; demarcación de áreas de trabajo y de almacenamiento (franjas de cinco centímetros de ancho); demarcación de áreas libres frente a equipos contra incendio (semicírculo de cincuenta centímetros de radio y franja de cinco centímetros de ancho).

4. EL COLOR VERDE ESMERALDA SE EMPLEARÁ PARA SEÑALARÁ PARA SEÑALAR:

a) Seguridad, equipos de primeros auxilios, botiquines, camillas, máscaras contra gases, fondo de carteleras de seguridad e instrucciones de seguridad, etc.

b) Contorno del botón de arranque en los controles eléctricos de las máquinas.

5. EL COLOR VERDE LIMONADO SE EMPLEARÁ PARA SEÑALAR:

a) Bancos de madera, exceptuando las tapas.

6. EL COLOR VERDE PÁLIDO SE EMPLEARÁ PARA PINTAR:

b) El cuerpo de maquinaria y equipo.

c) Partes fijas de maquinaria y equipo; parte exterior de guardas y protecciones integrales y adicionales; bancos metálicos; partes metálicas de silletería de taller; prensas de banco y articuladas, gatos portátiles y de carretilla; motores eléctricos que formen parte integral de maquinaria.

d) Soportes para materiales (perfiles, platinas, tuberías, etc.) soportes para ejercicios, soportes para cilindros. mangueras y cables de porta-electrodos.

7. EL COLOR AZUL SE EMPLEARÁ PARA:

a)   Indicar PREVENCION.
b)   Color de fondo en avisos utilizados para señalar maquinaria y equipo sometido a reparación, mantenimiento, o que se encuentre fuera de servicio.

c)   Señalar los controles o fuentes de poder, de maquinaria o equipo (elevadores, hornos, tanques, calderas, digestores, controles eléctricos, secadores, válvulas bóvedas, escaleras, andamios, etc.), que no deba ser accionado u operado sin previa constatación de que se encuentra en perfectas condiciones de servicio, a fin de no causar daño a algún elemento o lesión a un operario.

d)   Recipientes para lubricantes; motores que no formen parte integral de maquinaria y equipo; cajas de sistemas eléctricos.

8. EL COLOR ALUMINIO SE EMPLEARÁ PARA PINTAR:

a) Superficies metálicas expuestas a radiación solar.

b) Cilindros de gas propano, etc.

c) Bloques y culatas, múltiples de admisión y escape de motores.

d) Hornos para tratamiento de metales, tapas de hornos y superficies expuestas a altas temperaturas; cubiertas asfálticas y metálicas.

e) Silenciadores de motores, tanques y acero estructural.

9. EL COLOR GRIS DE EMPLEARÁ PARA PINTAR:

a) Recipientes para basuras, retales y desperdicios.

b) Armarios y soportes para elementos de aseo; armarios para ropas y lockers.

10. EL COLOR MARFIL SE EMPLEARÁ PARA PINTAR:

a) Partes móviles de maquinaria, volantes de operación manual, brazos de palanca.

b) Bordes del área de operación en la maquinaria; marcos de tableros y carteleras.

11. EL COLOR PÚRPURA SE EMPLEARÁ PARA SEÑALAR LOS RIESGOS DE LA RADIACIÓN;
RECIPIENTES QUE CONTENGAN MATERIALES RADIACTIVOS, EQUIPO CONTAMINADO, RAYOS X, ETC.

12. EL COLOR BLANCO SE EMPLEARÁ PARA SEÑALAR:

a)   Demarcación de zonas de circulación; dirección o sentido de una circulación o vía.

b)   Indicación en el piso de recipientes de basura (un metro cuadrado por caneca); rincones de salones y talleres (esquinera formando un triángulo de 40 centímetros de lado).

13 EL COLOR NEGRO SE EMPLEARÁ PARA PINTAR:

Tubería de corriente trifásica (tubería conduit), con franjas de color naranja de dos pulgadas de ancho, espaciadas un metro entre sí; conductos y bajantes de aguas negras; base de las máquinas y patas de bancos de trabajo, con franja de 13 centímetros de ancho.

TERRORISMO

Hay dos categorías generales de secuestro, como una forma de terrorismo

1.   Político
2.   Criminal

La mejor forma de determinar si un rehén está con vida es la comunicación directa

La práctica terrorista más común es la bomba.

Algunos aspectos principales con respecto a las cartas bomba son:

a.   Normalmente será dirigida a una persona individualizada

b.   El consignatario normalmente será un personero conocido públicamente

c.   La carta será más grande, más pesada o más gruesa que la típica carta de negocios.

d.   No mostrará remitente o indicará una dirección ficticia

PROTECCION CONTRA INCENDIOS

Los cuatro componentes del fuego son: temperatura, combustible, oxígeno y una reacción química

Varios subproductos acompañan el fuego

a.   Humo

b.   Gases

c.   Calor o temperatura

d..   Expansión de gases

CLASIFICACIÓN DEL FUEGO

Clase A Fuego normalmente presente en materiales combustibles, como desechos de papel, alfombras, cortinas y mobiliario

Clase B Este corresponde a un fuego alimentado por combustibles como gasolina, grasa, aceite o fluidos volátiles

Clase C Incendios eléctricos

Clase D fuegos que involucran metales combustibles como magnesio, sodio y potasio

Agentes de extinción para las cuatro clases de fuego:

a.   Clase A extinguido por agua

b.   Clase B CO2

c.   Clase C Un agente extintor no conductivo

d.   Clase D Extinción por polvo seco

TIPOS DE EXTINTORES

a.   Soda y ácido efectivo en fuegos clase A (Triángulo verde)

b.   Polvo seco Generalmente utilizado para fuegos clase B (cuadrado rojo)

c.   Polvo seco efectivo para los fuegos de clase D (estrella amarilla)

d.   CO2 generalmente utilizados para fuegos clase C (circulo azul)

e.   Neblina de fuego muy efectivo para incendios tipo A y B

ETAPAS DEL FUEGO

a.   Etapa incipiente, sin humo

b.   Etapa de arder, iniciación de humo

c.   Etapa de llama, en esta etapa se hace visible la llama

d.   Etapa de calor, el calor se intensifica y crece

El sistema automático de Springkler normalmente se activa al derretirse un sello de metal que libera la cabeza de la válvula y permite la salida del sistema de agua.

MANEJO DE INCENDIOS

a.   El fuego debiera ser informado en forma inmediata y posteriormente intentar las acciones de extinción

b.   El sistema de alarmas debiera ser exhaustivamente explicado

c.   Evitar el pánico

d.   Los ascensores nunca deben ser utilizados

e.   Nunca abra una puerta "caliente"

Si la posibilidad de escape es imposible las siguientes acciones deben ser adoptadas:

1)   Retírese lo más lejos posible del fuego

2)   Ubíquese en un área cuyo perímetro tenga puertas sólidas

3)   Retire rápidamente todo el material inflamable del área del fuego

4)   Abra las ventanas superiores e inferiores

5)   Manténgase recostado en el suelo
6)   Alerte a los bomberos colgando algún material visible en las ventanas

La mayoría de las fatalidades son causadas por gases tóxicos más que por llamas.

La mayoría de las causas de muerte causadas por el fuego en un edificio son:

a.   Gases tóxicos

b.   Humo

c.   Altas temperaturas

d. CO_2

e.   Pánico y acciones resultantes

f.   El fuego en sí mismo

Un sistema Springkler consiste de los siguientes elementos:

a.   Suministro de agua

b.   Unidades de activación por fuego (cabezas)

c.   Válvulas de control de agua

d.   Mecanismo audibles para activar el sistema de alarma

La mayoría de los Springkler operarán a temperaturas entre 130° y 165° F.

SEGURIDAD ELECTRONICA

Detectores infrarrojos (ópticos) pasivos y activos:

Todos los detectores que utilicen luz de cualquier naturaleza, ultravioleta, infrarroja, etc. son ópticos. La diferencia fundamental estriba en su comportamiento hacia esa luz: Si emiten haces de luz que recibe otro sensor cuya interrupción genera una suspensión eléctrica momentánea y por extensión una activación de los sistemas conexos de transmisión, se les denomina activos. Si solo registran en una fotocelda, que no es otra cosa que una célula óptica electrónica, un ambiente infrarrojo (térmico) permanente y detectan las variaciones en ese ambiente activando los mecanismos de transmisión, son pasivos. Su función principal es la de detectar movimientos de personas u objetos en un área en la que en un momento determinado no debería haberlos. Ejemplo: Una bodega en horas de la noche o no laborales, una casa en ausencia de sus habitantes, etc., con el objeto de establecer una "intrusión" o acceso no autorizado a un lugar controlado. Estos sensores no producen ningún tipo de alteración del ambiente ni ejercen ninguna clase de función ofensiva sobre las personas o los objetos que los activan, son unos simples "observadores electrónicos" que detectan movimiento y los anuncian a un receptor instalado para ese fin. Pueden ser encendidos y apagados y su actividad registrada por medio de un panel de control, para efectos de manejo de horarios, zonas de cobertura, control de procesos humanos, etc.

Discriminadores de audio y sensores de vibración:

Son sensores que registran las frecuencias de sonido de ruptura de materiales tales como cristales y vidrios y permiten la detección de intentos a través de la ventanería de una edificación o, como en el caso de los sensores de vibración especializados para estructuras, la vibración generada por impactos y trabajos con herramientas sobre superficies y muros con el propósito de perforación y debilitamiento. Trabajan con fundamento en variaciones de voltaje generadas por la vibración y son eminentemente pasivos. Al igual que los sensores ópticos no poseen ninguna función ofensiva y su manejo se hace por medio de un panel de control.

Botones, pulsadores e interruptores manuales:

Como su nombre lo indica no son otra cosa que interruptores con una función práctica idéntica a la de un interruptor de encendido de la luz de una habitación. Su especialidad está dada por la conexión directa con un panel de control que le otorga discriminación de situaciones tales como emergencias médicas, incendios, etc. asignación que establece el sistema de procesamiento al que este conectado el panel y el diseño propio del mismo. Su función principal es la de permitir a las personas activar el sistema de detección discrecional y discriminadamente, trasmitiendo así una situación de emergencia con elementos de información preestablecidos que permiten su mejor tratamiento. es decir, un pulsador de anuncio de incendio activa el proceso de comunicación de esta emergencia específica y no otro permitiendo a la central monitora el aviso a los organismos de atención correspondientes y específicos para esa situación, como serían los bomberos y no una unidad de atención médica o policial. Es evidente su pasividad ante el ambiente y las personas y no pueden ser catalogados bajo ningún aspecto como elementos ofensivos u hostiles.

Detectores de incendio:

Son equipos sensibles a la temperatura o a la emisión de partículas o propias de la combustión que detectan y anuncian la presencia de fuego, saturación de gases y otras situaciones de riesgos similares.

Como los anteriores están siempre conectados a un panel de control y no poseen elementos ni funciones que generen ningún tipo de acción represiva o activa contra personas y bienes.

Sensores magnéticos para accesos:

Son elementos que registran una separación entre dos piezas magnéticas superior a las medidas previamente establecidas en su diseño y cuyo objeto es el de detectar y anunciar la apertura, regular o irregular de puertas, ventanas, rejas, etc. para efectos de control o detección anti-intrusión. Son igualmente pasivos y no poseen funciones ofensivas de ninguna clase.

Paneles de Control y Centrales Monitoras:

Aunque amplia, esta descripción genérica de los elementos que son utilizados por las firmas monitoras y comercializadoras de sistemas de atención de alarmas, da una idea general de monitoras y comercializadoras de sistemas de atención de alarmas, da una idea general de sensorización o adecuación de áreas para los propósitos de monitoría.

VALLEJO R. Silvio. Manual de Seguridad Privada. Editorial ALAS. Bogotá 1990.
VALLEJO R. Silvio. Manual de Seguridad Privada. Editorial ALAS. Bogotá 1990.
Idem
ACADEMIA COLOMBIANA DE PROFESIONALES EN SEGURIDAD LTDA

SEGURIDAD INDUSTRIAL
ESCUELA COLOMBIANA DE CAPACITACION EN VIGILANCIA Y SEGURIDAD PRIVADA "ECOLVIP LTDA"

www.ingramcontent.com/pod-product-compliance
Lightning Source LLC
Chambersburg PA
CBHW071748150726
47998CB00005B/1847